KB069836

흔들리는
나이,
마흔

흔들리는 나이, 마흔

이제는 나 자신을 찾아갈 때 ──────── 강선영 지음

을유문화사

흔들리는 나이, 마흔
이제는 나 자신을 찾아갈 때

발행일
2018년 3월 25일 초판 1쇄

지은이 | 강선영
펴낸이 | 정무영
펴낸곳 | (주)을유문화사

창립일 | 1945년 12월 1일
주소 | 서울시 마포구 월드컵로16길 52-7
전화 | 02-733-8153
팩스 | 02-732-9154
홈페이지 | www.eulyoo.co.kr

ISBN 978-89-324-7374-1   03180

* 값은 뒤표지에 표시되어 있습니다.
* 지은이와의 협의하에 인지를 붙이지 않습니다.

여는 글

이십 대 시절, 나는 '마흔'에 대한 환상이 있었다.

더 정확히 말하면 마흔이 된 내 모습에 대한 환상이었다. 비록 지금은 조금 위태롭고 불안해도 사십 대가 되면 독립적이고 당당한 어른이 되어 있을 줄 알았다.

하지만 막상 그 나이가 닥쳤을 때 나는 여전히 안정적이지 않은 연약한 모습의 나를 발견하고 크고 작은 좌절감을 겪었다. 여전히 나는 확실치 않은 꿈을 이루기 위해 노력 중이었고 그 때문에 지쳐 있었으며, 어느 것 하나 제대로 이뤄 놓은 것이 없다는 생각에 고뇌하게 되었다. 이십 대 시절 내가 생각했던 모습은 이런 게 아니었다.

사회는 마흔에 대한 환상을 부추겨 왔다. '젊은 시절 고생은 사서 한다'는 말이 있듯이, 그때의 노력을 훗날 중년의 나이가 되었을 때 열매로 따 먹을 것이라고들 한다. 하지만 시대가 바뀌고 상황이 바뀐 지금, 그렇지 못한 마흔의 어른들은 혼란을 겪게 된다. 나 역시 그랬다.

두려움, 초조, 절망, (그리고 무엇보다) 젊음을 제대로 활용하지 못했다는 죄책감이 '마흔'이라는 이정표와 함께 거대하게 다가왔다. 아무도 내게 마흔이 이런 나이라고 알려주지 않았다. 다시 정신을 차린 건 그 부담에서 간신히 벗어난 뒤였다.

갑자기 삶에 대한 굳은 의지와 희망을 품어서가 아니었다. 삼십이든, 사십이든, 오십이든, 삶은 나이에 상관없이 늘 힘들기 마련이라는 사실을 새삼 깨닫게 된 것이다. 그 새삼스러우면서도 고통스런 사실이 현재의 고통을 멈추게 하다니, 삶은 정말로 알 수 없는 미완의 과정의 연속이다. 완전한 행복도, 고통도 없는 삶에서 나이가 그렇게 대수는 아닐 것이다.

삶은 상대의 나이를 봐 가며 어려워지거나 쉬워지지 않는다. 돌이켜 보면 어느 나이대에도 시련은 찾아왔고 나이 듦과는 상관없이 아팠고 때로는 슬프고 외로웠다.

그렇다면 마흔이란 나이는 긴 인생에 비춰 봤을 때 별 특별한 의미가 없는 것일까.

그렇지 않다. 제2의 사춘기라 불릴 만큼 어른들이 방황하게 되는 나이, 마흔에는 분명히 의미가 있다. 삶의 모든 순간이 그러하듯.

　마흔에 대해 고민하는 것은 인생의 절반을 살아온 사람들만의 특권이다. 왜 그런지 당신은 이미 잘 알고 있을 것이다. 지나온 삶을 돌아보고 앞으로의 시간을 준비할 수 있기 때문이다. 그 고민은 단순하지 않다.

　젊었을 때 당신이 상상한 마흔의 모습은 어땠는가? 무엇을 기대하며 바랐는가? 지금의 당신은 그 젊은이가 기대하던 사람이 되었는가?

　그렇다면 좋겠지만 아니어도 괜찮다. 좋든 싫든, 백 세라는 길고 긴 수명에 비하면 우린 아직 반도 오지 않았다. 하지만 마흔에 대한 고민이 있다면, 그 나이가 주는 의미를 되새겨 보자. 마흔, 그 너머의 나이를 살기 위해 혹독한 고통이나 시련은 필요치 않다. 그저 지금까지 그러했듯이, 자기 자신만 있으면 된다.

　어떤 의미에서는 인생 초년에 겪었던 혼란이 절반으로 줄어든 나이, 그러나 시련과 고통, 아픔과 슬픔이 생의 연수만큼 늘어난 나이, 마흔은 축복의 나이인 동시에 앞으로 닥칠 생의 시간을 위하여 다양한 각도의 준비가 필요한 미완의 나이다.

백 세 시대에 마흔은 더 이상 불혹의 나이가 아니며, 불혹일 필요도 없다. 너무 불안해하지 말고 지나간 시간과 앞으로 다가올 시간 사이에 잠시 멈추어 서서, 처음 살아 보는 내 생애의 새로운 시간 앞으로 다가갈 준비를 해야 한다. 빛나고 여문 두 번째 청춘의 시간으로.

차례

여는글 _ 5

1장 마흔, 흔들리는 게 당연한 나이

마흔에는 왜 흔들릴까 _ 15
아직 너무나 많은 시간이 남아 있다 _ 23
분주한 일상 너머 나의 마음 바라보기 _ 26
흔들리는 게 당연한 마흔을 어떻게 보내야 할까? _ 30
긴 인생에서 직업의 의미는 무엇일까? _ 34
현실주의자와 이상주의자의 고민 _ 37
지금 준비해도 늦지 않다 _ 41
　••• 마흔을 위한 Tip | 아이처럼 되는 공간 만들기 _ 45
　••• 마흔을 위한 Tip | 심리 상담에 대한 편견 깨기 _ 49

2장 마흔, 나 자신을 돌아보는 나이

왜 그렇게 달려왔을까? _ 59
거짓 자존감의 함정 _ 61

이제는 나 자신을 찾아갈 때 _64
지금 나는 나를 행복하게 해 주고 있는가? _66
마흔에 시작된 마음의 병을 체크하라 _68
생애를 지나오는 동안 누구나 상처 받는다 _74
고통이 완전히 없어져야 행복하다? _78
가장 나다운 것 _81
　•••• 마흔을 위한 Tip | 자서전 쓰기 _84
　•••• 마흔을 위한 Tip | 소망 일지 쓰기 _88

3장　마흔, 다시 사랑하고 싶은 나이

부부 아닌 형제? _93
비를 같이 맞아 주는 부부 _97
여전히 유효하며 빛나는 사랑의 본질 _99
마흔, 사랑을 되새기다 _103
의존하는 사람, 의존당하는 사람 _105
그럼에도 불구하고, 우리는 사랑받을 자격이 있다 _108
내가 나를 사랑한다는 것 _112
나는 나로서 괜찮다 _113
서로 치유자가 되어 주기 _115
세 가지 사랑 이야기 _120
　•••• 마흔을 위한 Tip | 내 사랑은 어디쯤 와 있는지 돌아보기 _123

4장　마흔, 내 주변을 돌아보는 나이

내가 보지 못했던 것들이 비로소 보이는 나이 _127

'그래, 너도 이제 많이 컸구나' _ 128
속마음을 이야기할 수 있는 친구 _ 129
여자들의 사소한 시기심이 힘들어 _ 133
좋은 부모, 좋은 자녀 = 완벽한 사람? _ 135
나이가 해결해 줄 수 없는 문제 _ 141
다시 일어설 용기를 가진다는 것 _ 144
이별에 대한 대처와 애도 연습하기 _ 146
　••• 마흔을 위한 Tip | 독이 되는 편견의 말들 지우기 _ 150

5장　마흔, 내가 가는 길이 맞는지 고민하는 나이

이 나이에 무슨 일을 할 수 있을까? _ 163
마흔의 자아실현이 가능할까? _ 165
남자, 성공이 전부는 아니다 _ 167
참지 말고 풀어낼 것 _ 172
건강한 욕구 충족이 필요하다 _ 175
새로운 삶의 기회를 향해 나아가기 _ 176
나이에 발목 잡힌 꿈이 있다면 _ 178
허무감의 문제 _ 180
　••• 마흔을 위한 Tip | 허무감에서 벗어나는 나만의 방법 찾기 _ 187

6장　마흔, 남은 인생을 어떻게 살아갈지에 대한
　　　고민이 시작되는 나이

언제까지 일할 수 있을까 _ 191
가장 중요한 건 지금 이 순간이다 _ 194

퇴직 이후의 시간들 _ 195

하고 싶었던 일들을 실행해 보기 _ 203

제2의 일을 하는 경우 _ 205

남을 돕는다는 것 _ 206

노후를 위한 준비 _ 208

　•••　**마흔을 위한 Tip** | 자신만의 버킷리스트 작성해 보기 _ 211

7장 마흔, 예전 같지 않은 건강과 미모가
신경 쓰이는 나이

나는 건강한가? _ 215

몸과 마음의 건강은 이어져 있다 _ 219

중년이 되면 자신의 얼굴에 책임져야 한다? _ 223

나이 들고 있음을 받아들이기 _ 225

아름답게 늙어 간다는 것 _ 228

자신에게 맞는 운동 찾기 _ 229

빛나는 마흔을 위하여 _ 233

　•••　**마흔을 위한 Tip** | 자신을 비하하지 않고 외모를 즐겁게 가꾸는 법 _ 236

닫는 글 | 슬픔 속에서도 기쁨을 누릴 수 있는 나이, 마흔 _ 241

1장

마흔, 흔들리는 게
당연한 나이

사십 대에 찾아오는 이 두 번째 사춘기는
신체가 아닌 정신의 성숙을 위한 것이다. 그리고
모든 변화에는 불안과 초조함이 따른다.
이런 마음의 사춘기를 보내며 불안함을 느낀다면
그것이 당연하고 정상적인 반응이라고 생각하기 바란다.
오히려 위험한 것은 '아무것도 느끼지 못하는 마음'이다.

마흔에는 왜 흔들릴까?

L 씨는 마흔 번째 생일에 자신이 벌써 마흔이나 됐다는 생각 때문에 불안감에 휩싸였다. 기계처럼 회사만 다녔을 뿐, 중년의 나이에 걸맞게 이뤄 놓은 것도 없고 노후 대책도 없는 자신이 한심했다. 직급이나 연봉이 높은 친구들과 자신을 비교하기도 했다. 한 친구는 재테크에 성공해 목돈을 불리기도 하고, 다른 친구는 술자리에서 유학 간 아이의 행복한 사진을 자랑스레 보여 주었다.

나 빼고는 다들 잘 사는 것만 같다. 하루하루 시간이 지날수록 불안이 심해졌다. 그 불안에는 단지 돈에 대한 걱정만 있는 건 아니었다. 막연한 후회가 들었다. 어떻게 살아야 할지 알 수가 없었다. 그는 십 대 때처럼 흔들리고 있었다.

흔히 십 대를 가리켜 꿈꾸는 시기, 이십 대와 삼십 대를 그 꿈을 위해 전력 질주하는 시기라고 한다. 당신의 십 대와 이십 대, 삼십 대를 돌이켜 보라. 명확한 꿈도, 방법도 알지 못해 불안했지만 적어도 젊음과 열정이 있던 청춘의 때를.

고등학생들이 대학생이 된 자신의 모습을 상상하듯, 아마도 그때 당신은 이렇게 생각했을지도 모른다. 지금은 불안하고 힘들지만 중년이 된 나의 모습은 다를 것이라고. 지금보다 훨씬 당당하고 멋진 모습을 꿈꿨을 것이다. 사실 청춘기의 노력이 결실을 보는 시기는 사십 대다. 원하던 꿈을 이루고 생활과 마음이 안정되는 시기라는 뜻이다.

그러나 마흔이 되어서도 나이만 들었을 뿐, 마음은 여전히 청춘에 머물러 있는 사람들이 많다. 과연 나는 젊었을 때 내가 꿈꾸던 사람이 되었을까? 이렇게 사는 게 맞는 걸까? 앞으로는 어떻게 살아야 되지? 등등의 고민으로 마음은 여전히 청춘처럼 불안하게 흔들리고 있는 것이다.

그렇다면 왜 마음은 나이 들지 않을까? 사십 대가 되고 오십 대가 되어도 왜 나는 여전히 끊임없이 흔들리는 걸까? 다른 사람들은 다 괜찮은데 나만 이상하다고 느낀다면 '그렇지 않다'고 말해 주고 싶다.

J 씨는 안정적인 직장에 다니는 남편과 모범생 아들을 둔 마흔 두 살의 가정주부였다. 누가 봐도 행복한 가정을 꾸리며 살고 있는 듯 보였지만 그녀는 최근에 알 수 없는 우울감에 휩싸여 상담실을 찾아왔다. 어른으로 살며 마흔이라는 나이가 주는 무게에 짓눌린 채 꾹꾹 참아 왔던 마음의 문제가 어느 날 터져 버렸기 때문이다. 평온한 일상을 사는 남편과 아들은 그녀를 이해하지 못했다. 그녀 또한 이런 자신을 이해하지 못하겠다고 했다.

　하지만 그녀는 자신이 어떤 문제를 안고 있는지 상담을 하는 동안 깨닫게 되었다. 오랜 세월 동안 들여다보지 않으려 했을 뿐, 아무리 시간이 흘러도 그녀에겐 사라지거나 지워지지 않는 상처가 있었다. 해결되지 못한 어린 시절의 가정 문제, 그리고 꾸역꾸역 참으며 넘어갔던 산후 우울증까지… 그녀는 어른답지 못하게 우는 자신을 자책하며 부끄러워했다. 그 부끄러움이 자신을 더 초라하고 부끄럽게 만들고 있었다.

　나는 그녀에게 이제라도 찾아와 다행이라고 위로했다. 그녀에겐 중년이라는 나이의 무게를 내려놓을 곳이 필요했다. 어릴 때 마음껏 어린아이로 살지 못한 사람에게는 육십 대, 칠십 대가 되어서도 어린아이가 될 수 있는 시간과 공간이 필요하다.

　사십 대 직장인 S 씨는 상담을 받는 것 자체를 무척 부끄러워했다. 다 큰 남자가 아직도 진로를 찾지 못해 이직을 고민하는 것을 스스로 용납할 수 없었기 때문이다. 그의 아버지는 엄격한 가장이었고 아들인 그에게도 그런 역할을 강요했다.

결혼과 취업 모두 아버지의 뜻대로 됐지만 그는 행복하지 않았다. 아버지의 구미에 맞는 삶을 살면서 겨우 숨만 돌리게 됐을 뿐, 자신 앞에 놓인 기나긴 삶의 길을 보면 가슴이 막혔다. 그렇다고 지금의 IT 회사를 그만둘 만큼 이루고 싶은 다른 꿈이 있는 건 아니었다. 아버지가 조언하고 제시해 준 길은 나름 근사하고 자신에게 걸맞은 길이었다.

하지만 십 대와 이십 대 때 자신이 품어야 했을 꿈을 빼앗긴 듯한 기분은 어쩔 수 없었다. 십 대 때도 하지 않던 사춘기 반항을 이제 와서 하는 것 같아 왠지 억울한 마음이 든다고도 했다.

시간이 조금 지나서야 그는 깨달았다. 진로와 적성 때문에 힘든 게 아니라, 그때 아버지와 풀지 못한 갈등이 힘든 것이라고. 업무 하나하나가 버거웠던 건, (늘 자신을 감독했던) 아버지와 씨름하는 듯한 기분 때문이었다는 것을 그는 알게 되었다. 그는 큰 용기를 내어 상담실에 아버지를 모시고 왔다. 아버지도 아들이 왜 힘들어하는지 이해하고 싶어했다.

그에게도, 그의 아버지에게도 어려운 시기가 있었다. 문제는 그때 제대로 이해받고 해결했느냐는 것이다. 서로 마음을 털어놓은 적이 없었던 어색한 부자는 처음으로 서로의 마음을 꺼내 놓았다. 아들의 마흔과 지나간 아버지의 마흔이 겹쳐지며 서로에게 공감 어린 시선을 보내게 되었다.

성숙하지 않은 어린 눈의 아들이 아버지를 이해하는 일은 드물다. 아버지 역시 자신의 부모를 답습하며 힘겹게 살다 보니 아들을 이해하려는 노력을 기울일 여유가 없었다. 아들은 아버지가 자신을 위해 한 말들이 비수가 되어 꽂혔거나 억압으로 작용해 상처가 되었던 일들을 조심스럽게 풀어냈다. 처음에 아버지는 대부분의 아버지가 그렇듯이 자신을 변호하기에 급급했다.

나는 최대한 쉽게, 들을 수 있는 귀를 크게 열어 놓도록 격려하며 설명했고 부자는 내 말을 받아들여 주었다. 신체적인 귀와 마음의 귀를 동시에 열어 놓자, 놀라운 일이 벌어졌다. 아버지의 눈에 눈물이 맺히고 힘겨웠을 아들의 손을 따뜻하게 잡아 주었다. 아들도 처음으로 긴장감을 내려놓고 아버지를 바라볼 수 있게 되었다.

대화와 치유의 시간을 함께하며 아들과 아버지는 조금이나마 서로를 이해하게 되었다. 아버지가 아들의 아픔에 공감하자 아들 역시 아버지를 이해하게 된 것이었다.

만약 갈등 속에 있던 부모와 자녀가 이렇게 풀리기만 한다면 마흔의 시간은 아름답게 채색될 것이다. 마흔의 무거움이 어린 시절 부모와의 관계에서 시작된 미해결된 심리적 문제에서 비롯되는 경우가 많기 때문이다. 부모의 메시지가 내면화되어 자꾸만 자신을 공격하거나 비난하게 된다면, 부모를 찾아가 대화를 시도해 보기 바란다.

열심히 살아온 부모님의 지난했던 시간들에 대해서는 인정하고 경의를 표하는 것이 좋다. 먼저 부모님의 인생을 인정해드리면 들을 수 있는 여유가 생기기 때문이다. 그러고 나서 자신의 힘든 감정을 비난하는 느낌 없이 풀어내 보자. 부모님을 원망하는 마음이 너무 크다면 가까운 심리 상담 기관을 찾아 상담자 앞에서 어느 정도 풀어낸 후 부모님을 찾아가는 것이 더 효과적일 것이다. 그렇지 않으면 분노 섞인 원망이 여과 없이 표출되어 서로 마음을 상하게 할 가능성이 크기 때문이다. 만약 부모님이 돌아가셨다면 자신의 배우자나 친구같이 친밀한 사람과 대화하며 서로의 상처 입은 감정을 풀어내도 좋다. 이때는 서로에게 집중하며 마음의 귀를 활짝 열어야 할 것이다.

이렇듯 내 상담실 문을 두드리는 대부분의 중년기 내담자들은 다양한 문제를 안고 찾아온다. 자식 문제, 부모 문제 등이 있지만 가장 많은 경우는 자기 자신에 대한 문제다. 젊은 시절 외면했던 마음의 문제를 더 이상 감당할 수 없어 숱한 '미해결 과제'를 산더

미처럼 안고 찾아오는 것이다.

지금이라도 해결하면 된다. 자신의 심리적, 정서적 성숙을 위한 치유와 돌봄이 자신으로부터 시작되는 것은 매우 바람직하며 이 일은 중요한 성숙의 계기가 될 것이다.

사십 대에 찾아오는 이 두 번째 사춘기는 신체가 아닌 정신의 성숙을 위한 것이다. 그리고 모든 변화에는 불안과 초조함이 따른다. 이런 마음의 사춘기를 보내며 불안함을 느낀다면 그것이 당연하고 정상적인 반응이라고 생각하기 바란다. 오히려 위험한 것은 '아무것도 느끼지 못하는 마음'이다.

니체는 『즐거운 지식』에서 '고통이야말로 정신의 해방자이며, 고통이 우리를 심오하게 만든다'고 했다. 어떤 사람들은 마음에 생긴 문제를 들여다보고 돌보려 노력한다. 반면에 모든 부정적인 감정을 회피하고 억압해 놓는 사람들도 있다. 오랫동안 회피와 억압의 방어기제를 쓰다 보면 아무리 나이를 먹어도 내면의 변화와 성장을 이룰 수 없다. 나이가 아주 많은 노인이 아주 미성숙한 안하무인의 행동을 하거나 여과 없이 분노를 표출하는 모습을 본 적이 있을 것이다. 그 사람도 고통스러운 삶을 살아왔기 때문에 그런 모습을 지니게 되었을 것이다. 그러나 고통을 회피하려고 화를 내거나 타인에게 책임을 전가하는 태도로 일관한다면 끝내 성숙한 인생을 한 번도 살아 보지 못한 채 생을 마감하게 되는 불행으로 이어진다는 점을 기억해야 한다.

무엇보다 이유도 모른 채 삶이 계속 힘들고 무기력해지는 것이 가장 큰 문제다. 고통을 받아들이지 않고, 또 느끼지 않는다고 당신의 마음이 괜찮은 것은 아니기 때문이다.

살면서 절대 외면하지 말아야 할 것은 자신의 내면이다. 몸이 아무리 나이를 많이 먹어도 마음은 나이 들지 않는다. 아무리 오랜 시간이 흘러도 치유되지 않은 과거는 현재진행형이 되어 흐르며 계속해서 우리를 괴롭힌다. 우리나라 사람들이 흔히 하는 말 중에 내가 가장 경계하는 말이 있다.

"그런 힘든 과거는 빨리 잊어버려!"

마음에 쌓인 상처는 치유되기 전에는 없어지지 않는다. 머릿속에서는 망각될 수도 있지만 우리 내면의 깊숙한 무의식의 한편에는 그대로 남아서 이유도 알 수 없는 통증을 불러일으키는 것이다.

그래서 빨리 잊어버리라는 말을 비난조로 하기보다는 이렇게 말해 주자.

"그런 힘든 과거를 속히 치유하고 자유로워져야 해"라고.

치유는 마음속 깊은 무의식의 아픔을 탐색하고 직면하면서 하나씩 의식화하는 작업이라고 할 수 있다. 켜켜이 쌓인 먼지처럼 많은 상처와 생채기가 있는데도 평생 단 한 번도 들여다보지 못하고 살아왔다면 그 상처들이 자신의 인생을 넘어지게 만드는 미끄러운 이끼가 되거나 통증을 끊임없이 유발하는 심리적 병증이 된다. 이런 증상을 가지고 자유롭게 살 수는 없다. 그래서 잊어버리는 것은 결코 좋은 해결책이 아닌 것이다.

그러므로 치유란 자신의 마음을 들여다보며 현재 계속해서 서걱거리고 욱신거리는 문제의 근원지로 찾아가 하나씩 제거하는 길고도 힘든 심리적 외상의 수술인 것이다.

스스로에게조차 외면당한 기억은 무의식에 저장되어 태산처럼 쌓인다. 그런 마음을 들여다보는 데 나이는 중요하지 않다.

'이미 뭘 하기에도 늦은 나이인데… 이제 와서 뭘 돌이켜 생각을 하나. 다 이렇게 사는 거지…'라고 생각할지 모른다. 하지만 그 생각이야말로 팔십 대, 구십 대에 해도 늦지 않다. 아직 당신에게는 많은 시간이 남아 있다. 마흔은 그 많은 시간들의 초입으로, 따라서 가장 젊고 가장 아름다운 나이다.

아직 너무나 많은 시간이 남아 있다

젊을 때는 '젊음'을 어떻게 소중하게 보내야 할지 몰라 시행착오를 많이 겪었다면, 이제는 상황이 달라졌다. 젊음의 소중함을 아는 당신은 그때보다 훨씬 지혜롭고 성숙해졌기 때문이다.

호주 사람들은 자신의 집 옆에 공동묘지가 들어서는 것에 별다른 거부감을 갖지 않는다고 한다. 한국과는 달리, 묘지가 생기는 것을 오히려 적극적으로 찬성하며 긍정적으로 받아들인다고 한다. 그 이유는 무엇일까? 바로 자신이 사랑하는 가족이나 친구가 죽었을 경우, 출근길이나 퇴근길에 그 사람을 가까이서 볼 수 있기 때문이라고 한다. 또 묘지를 보면 자연스럽게 죽음에 대해 생각하게 되고, 현재 자신의 삶이 올바른 삶인지 늘 돌아볼 수 있기 때문이다. 그렇다 보니 공동묘지가 있는 마을의 범죄율은 다른 곳보다 훨씬 낮다고 한다.

이런 모습들은 우리나라 문화와는 참 많이 다르다. 우리는 종종 아파트 단지 옆에 공동묘지가 들어오는 것을 끔찍하게 혐오하며 반대한다는 뉴스를 접하게 된다. 여기에는 가능하면 죽음을 멀리 두고 보지 않으려는 심리적 배경이 있으리라는 생각이 든다. 죽음은 곧 슬픔이며 고통이기에 그런 감정을 느끼지 않으려는 것이다. 하지만 이는 감정의 또 다른 억압이라고 생각한다. 이처럼 억압은 우리나라 사람들의 최대 방어기제가 되었다. 그러다 보니 그때그때 풀어야 할 감정들을 쌓아 두기만 하고 관계 속에서도 감정의 골이 깊이 패는 것이다.

마흔을 잘 살아야 한다는 것은 억압 대신에 대화와 소통을 통한 자연스러운 감정의 나눔이 계속되어야 한다는 뜻이기도 하다. 그래야 지금 커 가는 어린 자녀들과의 관계나 배우자나 연인과의 관계도 계속해서 좋아질 것이다. 노후에 생길지도 모르는 불안 중에서 돈으로 인한 것보다 더 큰 것이 관계의 단절로 인한 불안 이다. 황혼 이혼이 늘어나는 것은 마흔의 시기부터 단절이 시작 되었기 때문이다.

참고 억누르는 것은 잘못된 삶의 방식이다. 어릴 때부터 참으 라는 소리를 많이 들었기 때문에 잠재된 누군가의 목소리에 기계 적으로 따르는 것이다. 지금부터라도 나누고 대화해야 한다. 아직 많은 시간이 당신에게 주어져 있다. 잘못된 행동 방식이나 사고 의 습관을 바로잡고 수정하기에도 가장 좋은 시기가 지금이다.

내가 지금 제대로 살고 있는 게 맞는지, 후회 없는 인생을 살고 있는지 생각하는 것은 중요하다. 그런 생각은 나 자신은 물론, 다 른 사람들의 삶까지 변화시키는 위대한 생각이기 때문이다.

당신이 젊었을 때 꿈꿨던 마흔의 모습은 어땠는가? 사회에서 존경받는 대단한 사업가였는가? 일과 사랑에 성공한 멋진 여성 이었는가? 설사 지금 그 꿈을 이루지 못했다 하더라도 절망해서 는 안 된다. 사십여 년 동안 자기 자신을 끊임없이 돌보고 가꾸 고 지켜 온 당신은 그 자체로 축하받아야 마땅하다. 살아 있는 지금 당신의 순간이 가장 아름답고 위대하다. 자신에게 실망하고 포기해야 할 나이는 없다. 불안하고 힘들수록 여유를 갖고 내면을 들여다볼 용기만 있으면 된다. 당신을 위한 시간은 아직 많이 남아 있다.

분주한 일상 너머 나의 마음 바라보기

마흔을 이미 넘어선 나는 마흔 자리에 가만히 서서 나를 성찰하거나 돌아볼 여유가 없었다. 그래서 더 힘들고 허덕였을지도 모른다. 마흔 안에 있는 동안 분주한 일상 속에서도 차분히 자신을 돌아보고 조금만 침착하게 마음속 감정을 들여다본다면 뭔가에 쫓기듯 불안하게 살지 않고 그 시간을 누릴 수도 있지 않을까.

많이 지나온 후에야 우리가 비로소 알게 되는 것들이 많다. 그래서 처음 살아 보는 생의 시기마다 경험하지 못한 낯선 감정을 만나고 당황하며 힘겨워하게 된다. 매일의 일상이 언제나 기쁨으로만 채워질 수는 없을 것이다. 그러나 막연한 불안을 미리 끌어당겨 잠깐씩 찾아오는 기쁨의 순간마저 놓치고 공허해질 필요는 없다. 마흔을 넘어 "내 인생이 이게 뭔가", "고작 이렇게 살려고 그렇게 힘들게 공부하고 스펙을 쌓으며 죽을힘을 다했는가"라는 자책으로 물들어 실패자 같은 느낌을 받는다면, 그 순간이야말로 자신의 지나온 삶을 돌아볼 시간이다. 그리고 지금 이 시간의 의미와 소중함을 깨달아야 할 시간이다.

내가 다시 마흔으로 돌아간다면, 나는 좀 더 차분히 내 인생을 돌아보며 곧 닥칠 미래를 위해 과거와 현재의 삶의 과정을 새롭게 정비하는 중요한 시간을 가져 볼 것이다. 그 시간들은 후회와 번민이 아니라 새로운 희망을 주는 시간, 불안을 떨치고 나아가기 위한 시간이 되어 나를 성장시킬 것이라 확신한다.

지금의 마흔은 윗세대와는 다르다. 윗세대는 유학을 갔다 오면 교수 임용이 쉬웠고, 공부를 열심히 해서 법대나 의대를 가면 고수익을 보장받는 직업을 가질 수 있었다. 그러나 가난했던 그 시대에는 모든 사람이 다 좋은 대학을 가거나 유학을 갈 수 없었다. 그들은 소수의 선택받은 사람들이었다. 유학을 너무나 가고 싶었던 나 역시 집안의 가세가 급격히 기울며 생활이 힘들어져 유학을 접어야 했다. 한참 뒤에 공부에 대한 열망이 없어지지 않아 국내에서 석사과정과 박사과정을 밟으며 공부하면서도 한동안 유학을 가지 못한 아쉬움이 남아 있었다. 그 아쉬움의 이유는, 사십대 초중반에 정교수가 되어 대학에서 학생을 가르치고 싶은 열망이 있었지만 외국 학위가 없어 번번이 실패했기 때문이다.

그러나 지금은 유학을 갔다 온다 해도 반드시 교수가 된다는 보장이 없다. 의사나 변호사가 무조건 잘나가는 시대도 아니다. 그래서 지금 세대들은 자꾸만 윗세대에 비해 자신들이 훨씬 어려워졌다고 한탄하며 자괴감에 빠지는 것이다.

시대가 지나서 많은 것이 변하고 달라졌다. 좋아진 면도 많고 그렇지 않은 면도 있다. 이전 세대와 비교하면 삶의 경험을 넓힐 수 있는 기회는 훨씬 많아졌다. 그 시대에는 해외여행이 자유롭지도 않았고 지식이나 삶의 여러 면에서 지금보다 훨씬 가난하고 한정적이었다.

가끔 치유가 많이 된 젊은 내담자들이 외국에 가서 공부하고 싶다는 이야기를 하는 경우가 있는데, 나는 매우 기뻐하며 그들을 격려하게 된다. 내가 지금 그들처럼 젊었다면 나도 이 작은 세상을 떠나 드넓은 세상으로 나갔으리라 상상해 보며 그들을 부러워하기도 한다.

마흔이 된 지금, 자신이 생각했던 것보다 풍요롭지도 않고 계획했던 것을 이루지 못했더라도 괜찮다. 반드시 불혹不惑, 흔들리지 않을 필요도 없다. 꼭 이십 대 청년처럼 열정적일 필요도 없고 나이 든 노인처럼 무게 잡을 필요도 없다.

윗세대와 비교해서 상대적 박탈감을 느낄 필요도 없다. 그때는 그때고 지금은 지금이다. 다 좋지도 않으며 다 나쁘지도 않다. 그

세대에게는 그 세대만의 고통이 있었고 지금 세대에게는 지금 세대만의 고통이 있다는 점을 인정할 필요가 있다. 종류나 형태만 다를 뿐 고통은 언제나 존재한다. 그러니 비교하는 마음을 거두고 내 마음이 원하는 것을 바라보고, 스스로에게 자신이 원하는 것을 한 번쯤 선물하는 것은 어떨까.

마흔이라야 피워 올릴 수 있는 향기가 있다. 스물이나 서른의 설익은 내면에서는 나올 수 없는 향기. 마흔 이전에는 나오지 않는 멋진 내면의 아우라가 있다. 서서히, 그렇게 어른이 되어 가는 것이다. 아직 어른이 되지 못한 것 같은 자신을 책망할 필요도 없다. 정신없이 사느라 놓치고 있는 무수히 많은 보석 같은 시간들이 지금도 속절없이 지나가고 있다는 것을 깨달아야 한다.

당신의 때는 지금부터다.

마흔의 당신이 얼마나 아름다운지, 얼마나 빛나고 있는지 알기를 바란다. 그 시간에 머물러 있는 사람에게는 보이지 않겠지만, 그 시간을 지나온 사람에게는 보인다. 분주한 일상을 잠시 내려놓고 마음이 원하는 것을 찾기 위해 시간을 가지자. 누군가에게는 다시 돌아가고 싶을, 마흔의 그 시간을 지금 이 순간 기뻐하며 누릴 수 있길 바란다. 그러면 많은 것이 보이고, 많은 의미를 발견할 수 있을 것이다.

흔들리는 게 당연한 마흔을 어떻게 보내야 할까?

사십 대가 된 당신에게 가장 중요한 것은, 이제 잠시 멈춰 서서 자신의 마음을 들여다보는 것이다. 마흔은 절대 흔들리지 않는 나이가 아닌, 지나온 삶과 앞으로 살아야 할 삶에 대해 생각을 열고 마음의 도약을 이루기 좋은 나이다.

마음이 통하는 친구도 없고 자신을 위해 주는 가족이 없어도 괜찮다. 당신에게는 이미 당신을 돌봐 주고 보살펴 줄 유일한 사람이 있다. 그 사람은 바로 성인으로서 완연히 꽃피운, 마흔의 자기 자신이다. 그 사람만이 사십 년 동안 당신을 떠나지 않고 지켜 준 사람이기 때문이다. 스스로를 다잡지 않으면 앞으로 다가올 문제들에 끊임없이 흔들릴 수밖에 없다.

대부분의 윗세대들은 사십 대에 가장 안정적인 시기를 보냈다. 사십 대가 되면 미래에 대한 불안에 시달리지 않고 살 수 있었다. 일반적인 정도를 걸어왔다면 무난하게 괜찮은 직장에 들어갔고 정년까지 보장되는 직장 생활을 한 후 두둑한 퇴직금을 챙기며 퇴직했다.

물론 일반적이지 않은 힘든 우여곡절을 겪은 사람이 있겠지만,

현재 육십 대 이상의 사람들은 무난히 좋은 대학을 나왔거나 더욱 운이 좋아 외국 유학을 다녀왔다면 대부분 탄탄대로를 경험하고 지금 세대만큼 '취준생'의 고단하고 불안한 심경을 겪지는 않았을 것이다.

그리고 정년이 보장되어 있어서 중간에 퇴직을 강요받을까 봐 전전긍긍하지 않았을 것이고 노후에 대한 불안도 지금의 사십 대보다는 훨씬 덜했을 것이다.

하지만 지금은 다르다. 사십춘기라는 말이 있을 정도로 사십 대까지도 안정된 직장 생활을 하는 사람이 많지 않다. 오히려 자의로 혹은 타의로 다니던 직장을 그만두고 새로운 직업을 가지려고 하는 사람도 많다. 모든 것이 불확실한 시대가 되다 보니 마흔의 나이에 예전 이십 대가 겪었던 혼란을 겪게 되었고 결혼하지 않은 비혼족도 늘어나고 있으며 결혼한 사람들도 안정적인 삶을 누리지 못하는 경우가 많다.

그래서 윗세대를 시기하게 되었고 그들의 말에 많은 저항감을 보이게 되었다. 세대 간의 갈등은 그리 바람직하지 않은 방향으로 움직이고 있다. 서로 이해하고 다독거리는 것이 서로를 위해 좋다. 다시 말하지만 윗세대들 중에는 혜택을 누리는 사람이 많지 않았다. 기회의 문은 좁았고 대부분 너무 가난했으며 학자금 대출도 지금처럼 쉽지 않아서 대학을 포기한 사람도 많았다. 모든 윗세대들에게 선택의 기회가 넓게 제공되지는 못했다는 것을 알기 바란다. 원하는 공부를 마음껏 하지도 못하는 시대였기 때문에 선택의 폭은 훨씬 좁았다.

어느 시대나 종류와 양상이 다를 뿐이지 고통은 늘 존재한다. 인간은 쉽게 비교하고 그로 인해 상처를 받는다. 또는 무언가 핑계를 갖다 붙여서 책임을 전가하거나 회피하기도 한다.

그러므로 마흔이 넘었어도 흔들리고 불안해하는 자신을 회피하거나 누군가에게 책임을 전가하며 분노하거나 그 불안 속에 침잠하지 말아야 한다.

예외적인 사람도 있다. 오랫동안 방송계에서 활동했지만 이십여 년만에야 빛을 본 김생민 씨가 그런 사람이다. 꾸준히 자신의 본분을 잊지 않고 열심히 살아온 노력의 결실로도 볼 수 있고, 시대의 흐름에 잘 맞아 일시적으로 뜬 경우일 수도 있다. 연예인 생활은 수입이 일정하지도 않고 안정적이지도 않다. 소수의 스타만이 큰돈을 번다. 김생민 씨는 그 속에서 고군분투하다가 사십 대 중반이 되어서야 빛을 보았다.

이처럼 이십 대부터 적은 수입과 불투명한 미래 전망에도 불구하고 꾸준히 노력하고 기다리다가 사십 대에 와서야 결실을 맺는 경우도 있다. 시대가 급변하면서 사십 대에 와서 본인의 역량을 발견하게 될 수도 있는 것이다.

또 다른 사례로 십오 년 가까이 대기업에 치열하게 다니다가 문득 '내 삶이 이게 뭔가' 하는 생각이 들어 갭이어gap year를 떠난 사십 대 여성을 알고 있다. 갭이어는 주로 이십 대나 삼십 대가 자신의 관심사를 알아보고 지친 일상을 충전하기 위해 시간을 갖는 것을 말한다. 그런데 그녀는 사십 대에 갭이어를 떠난 것이다. 나는 그녀의 결심과 행동이 신선했다. 누구나 부러워하는 대기업을 그만두고 제2의 인생을 위해 몇 달간 떠날 수 있는 용기는 아무나 가진 것이 아니다.

이 여성은 십오 년 동안 누구보다 치열하게 살았다. 남녀 차별이 아직도 존재하는 대기업에서 남자들보다 더 큰 역량을 보여야 한다는 생각에 수시로 야근하며 밤잠도 줄여 가며 일했다. 그렇게 십여 년이 흐른 어느 날부터 자신이 일벌레처럼 느껴지면서 회사를 위해 영혼까지 갉아먹히는 느낌이 들었다고 한다. 그리고 급성으로 심각한 우울 증세를 겪으며 새로운 삶의 길을 모색하게 되었다.

이 여성은 갭이어를 다녀와서 자신이 좋아하던 가죽 공예를 시작했고 공방을 차렸다. 이전보다 수입은 줄어들었지만 자신이 좋아하는 일을 하게 된 지금이 가장 행복하다고 말했다.

흔들리면 조금 흔들려도 괜찮다고 말해 주고 싶다. 흔들리면서 다시 안정을 찾아가면 되니까. 흔들린다고 너무 불안해하면 더 오래 흔들리게 된다. 흔들리는 순간이 인생의 전환점이 되어 새로운 행복의 길로 들어설 수도 있는 것이다.

긴 인생에서 직업의 의미는 무엇일까?

사람에게 직업이란 무엇일까. 스무 살이 넘고 대학을 졸업하면 부모에게서 독립하고 스스로 생계를 해결해야 한다. 돈은 살아가는 데 꼭 필요하다. 돈을 벌어 금전적인 자립을 이루고 행복한 삶을 꾸려 나가는 것은 훌륭한 모습이다. 단지 돈 때문에 직업을 가진다 해도 자신의 삶을 스스로 영위하는 자세는 자기 삶에 책임을 다한다는 의미를 지닌다.

그러나 직업을 갖는 목적이 단지 돈을 벌기 위한 것만은 아니다. 직장은 자아실현과 사회 기여를 통해 자신의 존재 가치를 느끼며 인정받는 중요한 장소이기도 하기 때문에 사람이 어떤 직장을 어떤 마음으로 다니는가 하는 것은 인생에서 매우 중요한 과업일 것이다.

어떤 사람은 직장에 취업한 후 월급을 받으면서 자신의 가치를 인정받는 느낌이 든다고 한다. 그래서 직장 일이 너무 힘들어 그만두고 싶다가도 한 달에 한 번 월급을 받으면 인정받는 느낌이 들고 새로운 힘이 생겨 또다시 한 달을 보내게 된다는 것이다. 직장 생활을 해 본 사람이라면 동일하게 이런 감정을 느낄 것이다.

자신이 하는 일에 비하여 월급이 너무 적으면 모욕감과 자괴감에 빠지기도 한다. 자신의 역량이 과소평가되고 계속적으로 모욕당하는 느낌이 들어 우울증에 빠지는 사람도 있다. 이런 상황에서 다른 직장을 구하기가 어려워 이직을 하지 않고 견딘다면, 우울증이 심화되어 뉴스에 자주 나오는 끔찍한 자살 사건으로 이어질 수도 있다. 마음의 병이 될 정도로 힘들다면 잠시 그 일을 내려놓고 기운을 차릴 때까지 자신을 돌볼 필요가 있다.

어떤 사람은 행복하기 위해서 일을 한다고 했다. 적성에 맞는 직업을 찾아서 평생직장으로 삼고 좋은 사람들과 일한다면 이보다 더 좋을 수는 없다. 직장에서 만나는 동료들은 가족보다 더 오래 만나고 대화하고 관계를 맺는 사람들이다.

직장에서 늘 보는 사람들과 서로 맞지 않으면 매우 힘든 상황이 된다. 갑질하는 직장 상사가 있기라도 한다면 그 직장은 그야말로 지옥이 된다. 그리고 아무리 적성에 맞고 급여 수준이 만족스럽더라도 오래 일할 수 없는 곳이 된다.

직장이 단순히 맡은 업무만 기계적으로 하는 곳이 아니기 때문에 관계적인 측면은 직업의 만족도와도 밀접한 관련이 있는 것이다. 좋은 사람들과 함께할 수 있는 즐거운 분위기의 직장에 다니면 업무가 조금 힘들더라도 견뎌 낼 수 있고 삶의 만족도도 높아진다.

마흔이 넘어서도 자신의 직업이 적성에 맞지 않고 만족도가 낮다면 이직을 고려해 봐야 한다. 성적에 맞춰서 적성과는 상관없이 학과를 정하는 바람에 또다시 적성에 안 맞는 직장에 취업할 수밖에 없었다면 한 번쯤 되돌아보며 깊이 고심할 필요가 있는 시기가 사십 대가 아닐까 한다.

'이 나이에 뭘 새로 시작하는 게 가능할까?'라는 걱정으로 계속 불행한 시간을 끌면 안 된다. 당신은 뭐든 새롭게 시작할 수 있다. 마흔이 다 되도록 취업이 안 되어 비정규직 일이나 아르바이트만 해 왔던 사람들도 있다. 그들도 다 훌륭한 사람들이다. 포기하지 않고 자신의 삶을 스스로 책임져 왔기 때문이다. 지금까지 맞지 않는 직장을 다닌 사람들은 남들이 모르는 고통까지 얹어서 살아 왔다. 이 사람들도 훌륭하다고 생각한다. 힘들어도 견디며 포기하지 않고 살아온 자체만으로도 훌륭하다. 그러니 자괴감을 갖지 말기를 바란다. 다만 사십 대는 새롭게 무엇이든 시작할 수 있는 시기라는 것을 기억하길 바란다.

"저는 좋은 직장에 취직해서 앞만 보며 달려왔어요. 업무 만족도도 비교적 높았고 사람들과도 잘 소통하면서 아무 문제 없이 지내 왔어요. 그런데 몇 달 전부터 내 삶에 뭔가 중요한 게 빠진 것 같은 허무감이 찾아왔어요."

사십 대 중반의 한 여성이 내게 찾아와 이렇게 말했다.

사람에 따라서 다르겠지만, 열정을 가지고 살아온 사람일지라도 마흔이 넘어서 근원적인 허무감이 발현되기도 한다. 꿈과 이상이 높았던 사람일수록 이십 대나 삼십 대에 이상적인 미래를 그려 왔을 것이다. 그때는 '사십 대가 되면 뭔가가 되어 있겠지'라는 막연한 기대감을 가지고 살았다. 사십 대에 뭔가 자신의 이상이 실현되어 자리 잡지 않으면 오십 대, 육십 대를 기대할 수 없다고 생각하기 때문에 더욱 간절히 환상을 키워 온 사람들도 많다.

그렇기 때문에 '내게 지금의 직업이 주는 의미가 무엇인지, 직업의 만족도는 얼마나 되는지'를 생각해 보는 것이 필요한 시기가 마흔의 시기인 것이다.

현실주의자와 이상주의자의 고민

오랫동안 심리 상담을 하면서, 성격 유형이나 기질에 따라서

'현실주의자'보다 '이상주의자' 기질의 사람이 더 깊은 허무감에 시달리는 것을 느꼈다. 성향이나 기질은 부모의 유형과 상관없이 태어날 때부터 정해진 채 태어난다. 유전과는 상관없다는 것이 심리학자들의 오랜 연구 결과다. 아버지와 아들, 엄마와 딸이 비슷한 성격처럼 보이는 것은 같은 환경에서 영향을 주고받았기 때문이다.

심리 상담을 시작할 때 내담자의 성향과 기질을 비교적 자세히 파악하게 되는데, 각자의 성향에 따라 심리 치료의 방향이 다르게 구조화되기 때문이다. 그리고 이 과정을 통해 부모의 성향과 자녀의 성향이 달라서 생긴 상처를 구체적으로 파악하게 된다. 성향이 다르면 생각하는 방향과 관점이 크게 달라지게 된다. 그것 때문에 가족 간에 오해와 갈등이 점점 커져 관계가 망가지고 서로에게 상처를 주는 경우를 많이 보게 된다.

이런 점을 한 번도 생각해 본 적이 없다가 상담실에서 처음으로 자신과 가족들 간에 일어난 갈등과 상처를 분석하며 성향의 차이로 생긴 문제들을 손쉽게 해결한 사람들이 많다. 그들은 '이 사실을 좀 더 일찍 알았더라면…' 하며 아쉬워한다.

가족뿐만 아니라 직장에서도 성향의 차이로 인해 관계에 어려움이 생기는 경우가 많다. 알기만 하면 저절로 해결될 일을 너무 오랫동안 갈등 상황에 머물게 둔다. 이처럼 우리는 서로 오해와 편견이 얽혀 있는 채로 견디며 사는 것 같다. 어떻게 풀어야 할지 모르기 때문이다.

가정이나 직장에서 현실주의자와 이상주의자 간의 전혀 다른 관점은 계속 갈등을 불러일으킨다. 현실주의자의 입장에서 보면 이상주의자는 현실에 기반하지 않는 황당무계한 공상을 하는 것 같고, 이상주의자의 입장에서 현실주의자는 편협하고 속 좁은 상종 못할 인간으로 보인다.

세상살이는 현실이다. 현실에 기반하지 않는 이상향의 추구는 깊은 고뇌를 부른다. 자신의 성향을 잘 알아야 반대쪽 성향을 위해 노력할 수 있다. 심리적으로 병증이 생긴 경우에도 현실주의 성향의 사람보다 이상주의 성향의 사람이 치료가 더 힘들고 길어진다. 그럴 수밖에 없다. 그러나 이 세상은 뛰어난 이상주의자들에 의해 많은 발전을 이루었을 것이다. 다만 그들이 그럴 수 있었던 것은 자신의 이상적인 꿈을 현실에 접촉하여 실현시킬 수 있었기 때문이다. 그렇게 실현하도록 함께한 사람은 현실주의자들이었으리라.

그래서 두 가지 기질의 사람들은 서로 협력하며 함께해야 하는 것이다. 어느 쪽이 더 좋다고 할 수 없다. 서로 장점과 단점이 있기 때문에 함께해야 하는 것이다. 서로 다르다고 쉽게 비난하고 비난받는 환경에 노출되어 있었다면 지금의 자신이 어떤 기질이든지 스스로를 비난하게 되었을 것이다. 자신을 비난하고 자책하는 것은 지나간 시간 속에서 자신을 향해 퍼부어 댔던 누군가의 비난의 메시지 때문이라는 점을 명심해야 한다.

가령 간절히 선망하던 대기업에 입사하게 되면 세상을 다 가진 것 같은 마음으로 몇 년간은 정신없이 업무에만 매진하게 되기 때문에 자신의 이상이 실현된 것인지 대입해 볼 여유가 없다. 그러다 모든 업무에 익숙해지고 매너리즘에 빠질 무렵이 되면 '내가 이 따위 일을 하려고 그렇게 힘들게 공부하고 노력하진 않았어'라는 생각이 점차 커지게 되고 허무감이 부풀어 오르게 된다.

이상주의적인 기질이 큰 사람들은 현실감각을 더 키울 필요가 있다. 현실에 기반하지 않는 이상주의는 시간이 흐를수록 '실패자가 되었다'는 느낌을 키울 수 있기 때문이다. 열심히 살아왔고 자신의 분야에서 열정을 기울였다면 그것만으로도 충분히 의미 있고 훌륭했다고 자신을 스스로 인정해 주어야 한다. 잘나가던 사람도 순간순간 고뇌와 좌절이 찾아올 수 있는 시기가 마흔이다. '나만 이런가'라고 생각하지 않았으면 한다. 기질 때문에 더 힘들어지지는 않았는지 점검해 보기를 바란다.

지금 준비해도 늦지 않다 🌱

안정적인 직장에서 정신없이 지내다 매너리즘에 빠지는 경우가 있는가 하면 이십 대부터 지금까지 안정적인 직장조차 갖지 못한 채 견뎌 온 사십 대들도 있다. 이들은 이십 대에는 좋은 직장에만 들어가면 다 될 것 같은 마음이었을 것이다. 그래야 삼십 대가 되면 탄탄하게 자리를 잡으리라 생각했을 것이다. 삼십 대에는 사십 대가 되면 인생의 안정기에 접어들 것이라 기대하게 된다. 그런데 사십이 된 이후에도 안정되지 않고 실패한 것 같은 자신의 모습을 보며 소위 멘붕에 빠지게 된다고 말한다.

대부분 안정된 직업을 갖지 못했을 때 자책과 자학을 반복하게 되는데, 누군가와 자신을 비교하면서 더욱 비참해진다. 나는 나로서 살아야 한다. 막연한 기대 심리나 '어떻게 되겠지'라는 마음으로 살기보다는 전문적인 기술을 배우거나 대학원에 가서 현실성 있는 준비를 하는 것도 필요할 수 있다.

백 세 시대를 살게 되었을 때 육십 대는 더 이상 노인이 아니다. 사십 대나 오십 대도 마찬가지다. 오히려 그 어느 때보다 열정적으로 일할 수 있는 때다. 삶의 연륜에서 오는 지혜와 더불어 경험으로 알게 된 깊고 넓은 지식들, 거기다 세부적인 실행 능력이 있다면 은퇴를 할 나이는 아닌 것이다.

그러므로 사십 대에 준비하면 된다. 육십 대를 준비하기 위하여 마흔에 준비한다 해도 결코 늦은 것이 아니다.

기득권을 가진 윗세대들이 "나 때는 얼마나 치열했는데…" "그때는 더 어려웠다"라는 말을 쉽게 한다. 그런 말들이 더 이상 먹히는 시대가 아니다. 자신의 옛 경험에 비추어 열심히만 하라고 닦달하는 건 반발심만 부추길 것이다.

그러나 나보다 연륜이 많은 선배들의 진정성 있는 조언이 도움이 될 때도 많기 때문에 무조건 밀어내는 것은 바람직하지 않다. 무조건 수용하기보다는 받아들일 수 있는 것은 받아들이고 그 외엔 자신의 생각을 발전시켜 나가면 된다.

결혼을 하고 아이를 낳은 사십 대는 미혼보다 복잡한 삶을 살며 불안이 더 커져 있을지도 모른다. 어떻게 아이들을 키우며 공부시켜야 할지 혼란스러울 것이다. 아이들이 대학을 졸업할 때까지 드는 비용은 가히 천문학적이고 노후를 위해 비축할 여유도 없다.

일류 대학을 가도 반드시 성공하는 것도 아닌데 자신이 그렇게 자라 왔던 것처럼 자신을 키웠던 자기 부모의 가치관을 그대로 가지고 허둥대며 자녀를 키운다. 남들이 하는 대로 뚜렷한 기준도 없이 휘둘리기도 한다. 부모가 된 사십 대도 자신이 당면한 마혼의 시간을 점검하고 새로워질 필요가 있다.

사십 대가 되어도 결혼을 하지 않은 사람들도 있다. 이런저런 이유로 미혼인 채로 있는 사람과 자발적 비혼을 선택한 사람들도 있다. 결혼을 하지 않겠다고 결심하게 된 이유가 있을 것이다.

그런데 이미 마흔이나 되었으니 결혼 가능성이 없다고 생각한다면 그 생각은 바로잡기를 바란다. 사십 대 이후에 결혼하여 행복하게 잘 살고 있는 부부를 많이 알고 있다. 그들은 이십 대, 삼십 대보다 훨씬 성숙하고 현명해진 눈으로 배우자를 선택했고 서로를 위할 줄 알며 행복할 수 있는 마음의 자산을 훨씬 많이 갖게 된 상태에서 결혼했기 때문이다.

다시 말하지만 지금은 육십 대도 노인이 아니다. 육십 대가 보기에 사십 대는 얼마나 어려 보일까를 생각해 보자. 평균수명이 늘어난 지금 마흔은 여러 가지 의미와 가능성을 지닌 '아주 젊은' 세대가 된 것이다. '가능성'을 열어 놓으면 무한한 '희망'이 보일 것이다.

지금까지 하던 일을 그만두고 새롭게 도약할 수 있는 시기, 인생의 전환점을 맞이할 수 있는 시기, 여행이나 공부를 통하여 쉼표를 찍을 수 있는 시기, 가치관을 새로운 시대에 맞게 업그레이드해야 하는 시기, 현명한 눈으로 가장 안정적인 결혼 생활을 시작할 수 있는 시기…

이 모든 새로운 관점에서의 출발은 두려움을 걷어 내야 가능해 진다.

두려움은 모든 것을 발목 잡고 나아가지 못하게 한다. 이제부터 심호흡을 하고 두려움을 떨쳐내고 마흔의 시기를 축복으로 받아들이며 새로운 눈을 열어 놓아야 한다.

아이처럼 되는 공간 만들기

사람에 따라서 다르겠지만 내가 상담했던 내담자들이 심한 우울 증세나 불안 증세를 이겨 내고 마음의 안정을 많이 찾게 되면 권유하는 것이 있다. 한국무용이나 탱고 배우기, 유화나 수채화 배우기, 노래 배우기 등 집 근처에서 쉽게 찾아갈 수 있는 백화점 문화센터 같은 곳의 문화 강좌를 이용하는 것이다.

사람과 어울리고 얘기하는 것을 좋아하며 친밀감과 따뜻함을 추구하는 A 씨는 탱고를 배우기로 했다. 그는 환대해 주는 사람들 속에서 탱고를 배우는 동안 매우 행복한 기분을 느꼈다고 했다. 탱고 같은 춤은 A 씨처럼 사람과 만나는 것을 좋아하거나 외향적인 사람에게 어울리는 취미다. 춤은 새로운 삶의 활력을 느끼게 한다.

B 씨는 집 근처 문화센터에서 한국무용을 배우게 되었다. 그는 시간이 지날수록 우아한 한국무용의 동작에 점차 매료되어 갔다. 처음에는 순서나 동작을 잘 몰라서 쑥스럽고 힘들었지만 뭔가 자

신의 내면에서 분출하는 열정을 조용히 풀어내는 느낌이 들어 좋다고 했다. 자신은 탱고처럼 모르는 이성과 스킨십을 해야 하는 춤은 맞지 않는 것 같다고 하면서 이제야 자신이 좋아하는 취미 생활을 찾았다며 활짝 웃었다.

C 씨는 유화를 배우게 되었다. 춤은 좋아하지 않아서 조용히 앉아서 집중할 수 있는 그림이 좋을 것 같았다. 기초적인 스케치 과정을 거쳐 처음으로 물감을 캔버스 위에 색칠하게 되었을 때 희열을 느꼈다고 했다. 학생 시절의 설렘이 그림 그리러 갈 때마다 생긴다고 했다. C 씨처럼 조용하게 혼자만의 시간을 즐기고 싶은 사람에게 그림 그리기는 아주 좋은 취미가 될 수 있다. 소질이 없어도 상관없다. 마흔에 시작하는 취미 생활은 자신의 삶에 활력을 주고 영혼을 살찌게 한다. 그러므로 입시 준비생처럼 데생부터 시작할 필요는 없다. 그냥 자신이 원하는 그림을 내키는 대로 그리면 된다.

또 우울한 기분을 풀어내기 위해 마흔 무렵에 시작한 그림 그리기가 자신의 인생을 바꾸었다고 말하는 분을 만난 적이 있다. 그 분은 우울증이 심한 가운데서도 자신의 내면을 자기 방식의 그림으로 표현하면서 화가가 되었다. 한 번도 미술을 배운 적이 없지만 그림을 그리며 내면의 우울감을 승화시켰던 것이다.

D 씨는 노래 부르기 교실에서 목청을 다해 노래를 부르고 나면 후련해진다고 했다. 나이가 지긋한 분들이 대부분이었지만 그 속에 끼어 함께 노래를 부르는 동안 일주일치의 스트레스가 날아가는 기분이며 중학생 때 이후에 목청을 다해 노래를 부른 것은 처음이라며 기뻐했다.

특히 분노가 심한 내담자들에게 노래방에 가서 소리를 최대치로 높여 놓고 목청껏 노래를 부르거나 소리를 질러 보라고 권할 때가 있다. 정말 효과가 있다. 분노는 상처 입어 아픈 마음에서 생기는 감정이다. 자신의 감정을 대변하는 듯한 노래를 목청껏 부르면 분노가 치유되기도 한다. 마음이 무거울 때마다 노래를 불러 보자. 합창단에 가입해서 소속감을 가지고 노래를 부르는 사람도 있고 교회 성가대에 가입하여 열심히 참석하며 노래를 배우고 부르는 사람도 있다. 노래와 음악은 우리 생애를 살찌우며 풍요롭게 한다.

아무것도 하지 않고 움직이지 않으면 내면에 불안이 이끼처럼 쌓인다. 누구라도 그렇다. 마음이 울적하고 고민이 많을수록 움직이라고 조언하고 싶다. 모든 것이 여의치 않으면 햇살 좋은 날 공원이나 강변을 산책하는 것도 좋다. 몸을 움직이면 머릿속의 먼지처럼 어지러운 생각이 가라앉는다. 수많은 생각은 오지도 않을 미래에 대한 불안으로 연결되어 있다. 창의적이며 진취적인 생각보다는 에너지만 낭비하는 생각 속에 함몰되어 자신의 생애를 무의미하게 여기게 될 위험이 여기에 있다.

　나도 햇살이 좋은 날이면 그 따스한 볕을 온몸으로 받으며 걷곤 한다. 집필을 해야 할 때도 가능하면 햇살이 가득 들어오는 창가 자리에 앉는다. 어둡고 그늘진 공간에 있으면 마음의 우울을 더 키우고 부정적인 생각이 꼬리를 물고 일어날 가능성이 높다. 가능하면 당신도 햇볕을 가까이 하면 좋겠다. 그리고 몸을 움직이고, 걷고, 춤을 추고, 누군가를 만나기를 바란다.

기나긴 인생을 지나오다 보면 원치 않는 삶의 찌꺼기들이 내면 곳곳에 박혀 누가 빼 주지 않으면 절대 뽑히지 않아 곪아 터지거나 악성종양이 되기도 한다.

목에 심한 염증이 생기면 이비인후과 전문의의 도움을 받아야 하고, 감기 몸살이 심할 때는 내과 전문의의 도움을 받아야 하듯이, 우리 마음의 문제도 심리 치료 전문가나 정신과 전문의의 도움을 받아서 적극적으로 치료해야 낫는다.

가족이나 친구가 위로와 사랑을 아낌없이 보낸다면 더욱 신속히 해결될 수 있겠지만, 무슨 문제가 얽혀 있는지도 모르는 아픔이 무기력감을 동반하면서 자꾸 생긴다면 전문가의 도움을 받는 게 필요하다.

우리 사회는 그동안 대화의 치유력을 과소평가해 왔다. 대화와 경청의 치유 효과는 어린 시절부터 가정에서 체험해 왔어야 했지만, 과묵하고 표현하지 않는 것을 선호하는 문화적 배경에서 성장한 우리는 가족 내에서 이루어지는 대화의 치유 효과를 경험할 기회가 별로 없었다.

상담실을 방문한 내담자들 중에 어린 시절 가정에서 대화가 충분히 이루어졌다는 사람을 만난 적이 없다. 대화 대신 폭력에 관대한 문화 속에서 심한 학대가 자행되어도 남의 가정사라는 잘못된 관념이 자리 잡아 수십 년을 이어져 왔으며 국가 공권력조차 폭력에 개입하지 않았다.

그래서 가정 내의 자녀 학대, 가정 폭력이 계속 이어져 왔고, 그 결과 수많은 사람이 가슴앓이를 하면서도 이런 일들을 자신의 치부라고 생각하고 다른 사람들이 알까 봐 두려워하며 숨긴 채 살아왔다.

그래서 상담실에 가는 것도 극도로 꺼려하며 호미로 막을 것을 가래로 막는 일이 생겼다. 마음의 부끄러운 문제를 낯선 상담자에게 털어놓는 것은 생각만 해도 두렵고 불안한 일이며, 그렇게 한다고 해서 좋아질 것 같지 않다는 불신이 크기 때문이었다. 우리는 자신의 문제는 언제나 자신이 스스로 해결해야 한다고 생각하며 살아왔고 곪아 터진 상처도 대충 봉합한 채 아무렇지도 않은 척 페르소나(가면)를 쓰면서 사는 것을 당연시해 왔다.

어린 자녀가 핵폭탄이 터진 것 같은 극단적인 행동을 하기 전까지는 그들의 심리적 어려움은 대수롭지 않게 여겨졌고 치유의 기회는 주어지지 않았다. 성인이 된 이후에도 인간관계로 힘들거나 직장에서 스트레스를 심하게 받으면 자신이 지질해서 그렇다고 생각하며 더욱 입을 닫고 마음을 닫으며 문제를 키우는 사람이 많다.

언젠가 미국 여행을 하며 뉴욕의 변두리 작은 마을을 혼자 걸은 적이 있는데, 그곳에는 몇 블록마다 안온한 분위기의 상담 센터가 세워져 있었고 그곳들은 누구라도 쉽게 들어갈 수 있는 안식처같이 보여 너무나 부러웠던 기억이 있다. 자신의 아픔을 털어 내는 것이 당연하게 여겨지는 문화가 우리나라에도 정착되었으면 좋겠다고 그때 간절히 생각했다.

처음 보는 낯선 상담자를 불안해하는 것은 당연하다. 불안이 많이 누적되어 있을수록 그 불안은 대부분 사람들로부터 왔을 것이고, 그래서 누구를 만나든 익숙하지 않은 만남을 불안해하는 것이 정상적인 반응인 것이다. 그러나 조금만 힘들거나 스트레스를 받으면 상담실을 찾아가는 선진국 국민들처럼 우리나라 사람들도 그랬으면 좋겠다. 그때마다 풀어 버리면 쌓이지 않을 것이고 중증의 우울증으로 진행되지도 않을 것이며 자살률도 떨어질 것이다.

상담실에 가서 조금씩 불안을 누그러뜨리고 자신의 힘든 마음을 안전한 공간에서 안전한 상담자와 나누다 보면 한기가 들었던 마음에 따뜻한 온기가 담길 것이다. 그리고 다시금 타인과 관계를 맺을 힘을 얻게 되고 고통을 뚫고 지나갈 용기도 생길 것이다.

심리 치료 전문가들은 최소한 십 년 이상의 임상 수련을 거친 '치유적 공감 능력'이 탁월한 사람들이다. 믿고 가도 된다. 하지만 처음으로 심리 상담실에 가게 된다면 이런 마음이 들기란 쉽지 않을 것이다. 쉽지 않은 이유를 자세히 들여다보자.

첫째, 상처 받은 마음은 불안과 우울을 낳고 동시에 자기 자신에 대한 수치심을 만들기 때문에 누군가에게 자신의 상처를 드러내는 것을 부끄러워하게 되기 때문이다. 수치심이 쌓이면서 나이를 먹으면 누군가 자신의 치부를 조금만 건드려도 자존심이 상하게 된다. 상담실에 가면 자신의 이야기를 털어놓아야 된다고 생각하기 때문에 발걸음을 옮기기가 쉽지 않은 것이다. 나는 이런 심리를 누구보다 경험적으로 잘 알기 때문에 처음 방문한 내담자에게 다짜고짜 자신의 이야기를 서둘러 꺼내도록 하지 않는다. 아주 섬세하고 조심히, 조금씩 마음을 나누어도 몇 차례 동안 심한 몸살을 앓는 사람도 있다. 그만큼 드러내지 않은 상처가 오랫동안 그 사람을 고통스럽게 했기 때문이다. 조금 시간이 지나면 점점 더 편안하게 자신의 이야기를 털어 내고 고통을 나누게 된다.

둘째, 심리 상담 전문가를 신뢰할 수 있을지 불안하기 때문이다. 우리나라는 (종류에 따라 다르지만) 심리 상담 자격증을 너무 쉽게 취득할 수도 있다. 온라인에서 몇 개월 수강하면 자격증이

나오기도 한다. 그래서 어떤 전문가에게 가야 할지 혹은 그 전문가가 내 치유를 도와줄 수 있는 사람인지 확신이 서지 않아서 수개월에서 수년을 망설이는 사람들도 있다.

외부적으로는 그 전문가의 책이나 강의, 임상 경험 등에 대해 객관적으로 잘 알아보는 것이 도움이 될 것이다. 아니면 먼저 심리 상담 경험을 한 적이 있는 사람의 조언을 듣거나 소개를 받는 것도 방법이 될 수 있다. 우리나라는 각 상담 협회에서 자격증을 주기 때문에 공신력 있는 협회의 자격증이 있는지를 파악하는 것도 중요하다. 대부분 상담 협회에서 주는 자격증은 각종 임상 경험을 반드시 채워야 취득할 수 있기 때문이다.

또 심리상담학 석사 이상의 학력과 수련 경험이 객관적인 선택 기준이 될 수도 있다. 나에게 찾아오시는 분들 중에도 수많은 상담 전문가를 찾아보았거나 나에 대해 수개월 동안 알아보며 예약과 취소를 반복하다가 어렵게 문을 여신 분들이 많다. 모든 상담 전문가들은 이런 사실을 마음에 새기고 어렵게 문을 연 사람들을 온 마음을 다해 환대하고 세심하게 대해야 할 것이다.

셋째, 상담 전문가와 자신의 성향이 달라서 이해받지 못할까 봐 고민하는 사람들도 있다. 오랫동안 상담을 하면서 느낀 것은 자신과 성격 유형이 비슷한 상담 전문가와 만났을 때 더욱 편안하게 도움을 받는다는 점이다. 성격유형은 MBTI 성격유형을 참고하면 좋다. 여러 가지 성격의 척도 중에 우리가 흔히 알고 있는 '감성형'과 '이성형'으로 볼 때, 자신이 감성형이면 같은 감성형의 상담 전문가가 자신의 아픔에 좀 더 정확하게 공감할 가능성이 높다. (물론 반드시 그렇다고는 볼 수 없다. 인지 치료가 꼭 필요한 경우에는 냉철한 이성으로 상황을 판단하고 문제를 정확히 직면하도록 하는 이성형의 상담자가 훨씬 도움이 될 수도 있을 것이다.)

평생 자신의 아픈 마음에 진심 어린 공감을 해 주는 사람을 만나지 못했던 내담자의 경우, 상담실에서 자기편이 되어 주는 안전하고 공감적인 한 사람을 만나고 오랫동안 편안한 느낌을 받는 것이 매우 중요하다. 그동안 부모님이나 선생님의 기준, 사회적 환경은 능력으로 자신을 저울질하거나 실수를 용납하지 않는 태도와 그로 인한 상처의 원인이 되기도 했을 것이다. 그래서 심리 상담 전문가는 정답을 알고 있더라도 섣불리 말하지 않는다. 처음 몇 개월은 내담자가 충분하다고 할 때까지 깊은 공감과 경청의 자세로 '안전한 사람'이 되어 준다. 그리고 스스로 내면의 힘이 생겨서 자신을 추스르고 조언을 구할 때까지 기다려 준다.

이러한 일련의 상담 과정이 상담 전문가의 성향이나 가치관과 밀접한 관련이 있기 때문에 전문가는 치유를 위한 시간에는 자기 자신을 내려놓고 오롯이 내담자만을 위해 존재해야 한다. 판단이나 조언을 멈추고 그 사람의 아픔에만 집중하고 기다려 주어야

한다. 가끔 공감의 시간을 매우 짧게 필요로 하는 사람을 만나게
되는데 성격유형이 '이성형'인 경우가 많았다. 이 작은 차이를 상
담 전문가는 예민하게 파악하고 한 사람에게 특화된 치유의 여정
을 위한 계획을 세워야 하는 것이다.

    아픔이 너무 오래되어 말기 증상이 될 때까지 두지 말고 조금
어려울 때 바로 전문가를 찾아가 대화를 나누기를 바란다. 특히
마흔의 시기에 심각한 아픔이 찾아올 때는 주저 없이 바로 찾아
가길 바란다. 그러면 치유와 함께 십 년치의 성숙이 한 번에 이루
어질 수도 있다. 자신의 생애를 새로운 희망적 시각으로 바라보
게 되어 불안 없이 미래를 꿈꿀 수 있을 것이다. ▦

2장

마흔, 나 자신을
돌아보는 나이

한평생 타인의 욕망대로 살았다면 늘 타인의 생각과 시선에
자신을 옭아맸는지 모른다. 자신을 제대로 봐 주지 않으면
중년이 되어서도 자존감은 어린아이의 수준에 머물 것이다.
다른 사람들이 칭찬하면 잠깐 우쭐하지만,
혼자 남겨지거나 비판받으면 금세 주눅이 들어 숨고 마는
자존감을 안고 살지는 않았는가.

왜 그렇게 달려왔을까?

우리는 (그 이름도, 생김새도 모르는) 남에게 뒤처지지 않기 위해 전력 질주해 왔다. 좋은 점수를 받고 좋은 직장을 다니고 좋은 연봉을 받아야 했다. 앞으로도 실체 없는 경쟁자와의 싸움은 계속될 것이다. 나 자신을 잃으면 잃을수록 얻는 게 많아질 거라는 환상 속에서 우리는 계속 달릴 것이다. 그런데 그런 질주를 멈추게 한 것은 마흔이라는 나이다.

"그래, 이 정도면, 나 정도면 꽤 괜찮은 곳까지 올라온 거야."

뿌듯함은 잠시, 이런 생각이 들지도 모른다.

"그런데… 이것 때문에 그렇게 달려온 건가?"

어떤 사람에게 마흔이라는 나이는 이십 대에 느꼈던 희망과 싱그러움, 삼십 대의 열정이 사라진 나이일지도 모른다. 내가 만났던 대부분의 사람이 그렇게 느끼고 있었다. 사십 대는 젊음을 바친 노력에 대한 결과를 맛보는 시기라고 인식했으며 결과물이 만족스럽지 못해 자괴감이 든다고 말했다.

마흔 이전의 시간은 눈 깜짝할 새 지나갔고 어느새 마흔이 되었다. 이삼십 대의 열정과 체력도 그 시간처럼 금방 사라진 것만 같다. 나는 그때의 내가 꿈꾸던 어른이 되었는가? 만약 그렇지 않다면 희망이나 꿈을 꾸기에는 이미 너무 늦어 버린 걸까? 나는 지금 행복한 사람인가? 그 질문에 대답하기 위해 먼저 살펴봐야 할 것이 있다.

지금껏 살아온 시간은 정말 나 자신을 위한 시간이었는가? 아니면 부모님이나 선생님의 기대에 치여 억지로 노력하며 살아온 시간은 아니었나? 스스로를 점검해 보자. 한평생 타인의 욕망대로 살았다면 늘 타인의 생각과 시선에 자신을 옭아맸는지 모른다. 자신을 제대로 봐 주지 않으면 중년이 되어서도 자존감은 어린아이의 수준에 머물 것이다. 다른 사람들이 칭찬하면 잠깐 우쭐하지만, 혼자 남겨지거나 비판받으면 금세 주눅이 들어 숨고 마는 자존감을 안고 살지는 않았는가.

거짓 자존감의 함정

때로 우리는 거짓 자존감에 속기 쉽다. 사회적으로 지위가 높을수록, 돈과 명예가 많을수록 자존감도 높아질 거라는 함정에 쉽게 빠지는 것이다. 반대로, 역사를 통틀어 수많은 사람이 그토록 돈과 명예를 갈망하는 것은 어쩌면 높은 자존감을 얻고 싶기 때문인지도 모른다. 하지만 그것은 돈으로 자존감을 사려는 것만큼이나 허망한 바람이다. 돈이 아무리 많아도, 높은 자리에 있어도 작은 상처에 쉽게 무너지는 사람이 허다하다.

가난하거나 지위가 낮으면 자존감도 '낮다'는 생각은 사회가 암묵적으로 그러길 바라는 요구에서 비롯된다. 그리고 사람들은 정말로 그 생각을 고분고분 따르게 된다. 거짓 자존감의 함정에 빠지는 것이다.

하지만 엄밀히 말해, 자존감은 돈이나 명예와 관련이 없다. 스스로를 존중하고 사랑하는 데 돈이 필요 없는 것처럼. 명품 백이 아니라 장바구니를 들고 있어도 자신을 사랑해야 한다. 외제 차를 타든, 자전거를 타든, 상황에 관계없이 나를 존중해야 한다. 그것이 자존감이 높은 사람의 특징이다.

억지로 그래야 하는 게 아니라 그것이 자연스럽기 때문이다. 나는 나로 태어난 이상, 나를 아껴 주고 잘 돌봐야 한다. 내가 나를 존중해 주고 보호해 주어야 한다. 타인의 시선에 맞춰 애를 쓰며 살던 것처럼 타인이 나를 존중하고 보호해 줄 것이라는 기대를 끊임없이 하는 한, 진정한 기쁨과 행복은 없다.

어른이 되었다는 것은 내가 나를 스스로 보호해 줄 수 있는 나이가 되었다는 말이다. 어떤 불의나 위협에 스스로를 금방 포기하면 안 된다. 나이 들수록 품위 있고 멋있어져야 한다. 당신이 근사한 사람이라는 사실과, 상황이 주는 어려움은 상관없다. 내가 원하는 상황이 되지 못했다 할지라도 기품 있고 멋진 사람이 될 수 있다.

자존감은 단순히 자기 자신을 존중하고 사랑하는 것에 머무는 낯간지러운 감정이 아니라, 매 순간 나를 지켜 주는 견고한 성벽이다. 나의 모든 과거와 고통, 슬픔과 수치를 알면서도 그 모든 것을 받아들이는 보호자인 것이다.

또한 그 성벽은 바깥세상이 아무리 넓어도 그것을 두려워하지 않는 용기를 준다. 따라서 자존감이 낮은 마흔은 더욱 무너지기 쉽다.

거짓 자존감이 주는 함정에 빠지기 쉬운 또 다른 이유는 아무런 상처가 없어야 높은 자존감을 '얻을 수 있다'고 믿기 때문이다. 하지만 그렇지 않다. 마흔의 당신을 온전히 자신에게 노출하라. 벌거벗은 당신의 몸을 거울 앞에 숨기지 마라. 마흔의 세월을 살아 낸 당신은 이미 충분히 강한 사람이다. 지금 당신의 상황이 어떠하든 당신은 자신의 삶을 잘 살았다.

거울 속 당신은 거울 밖 당신을 안아 줄 준비가 되어 있다. 상황에 관계없이 당신을 사랑하고 존중하고 있다. 나를 위한 용기를 갖기에, 마흔은 늦은 나이가 아니다.

그렇다면 나는 누구인가. 진정한 나를 찾기 위해서 어떻게 해야 할까? 여드름 난 사춘기 시절, 어떤 선생님도 가르쳐 주지 않았을 것이다. 그 질문과 대답은 평생에 걸쳐 찾아야 한다는 것을. 마흔, 이제 어른이 된 당신은 당신의 아이이자 친구, 선생님이 되어 그 대답을 찾아가야 한다.

이제는 나 자신을 찾아갈 때

거울에 비친 자신의 모습이 어떠한가. 주름과 상처가 패어 있진 않은가. 그렇다면 지금껏 힘든 삶을 살며 얻어 낸 것은 그만한 가치가 있는가. 시간과 열정, 돈, 청춘을 바쳐 얻은 결과물에 회의감이 든다면 덜컥 겁이 날지도 모른다. 그 모든 것이 의미 없어지면 내 존재 자체도 의미가 없어진다고 생각하기 때문이다.

그러나 남부럽지 않은 결혼을 했다고 해서, 또는 많은 돈을 벌었다고 해서 지속적인 행복감을 느끼는 것은 아니다. 그렇다면 사회적으로 큰 성공을 거둔 사람들이 상담실을 찾아오지 않을 것이다. 젊었을 때 꿈꾸던 것을 이룬 당신일지라도 삶에 회의가 들수 있다. 어쩌면 그 꿈이 당신을 이토록 지치고 힘들게 했을지도 모른다.

한편 마흔이 되도록 제대로 이룬 것이 없어 불안한 사람도 있을 것이다. 앞으로는 뭔가를 이루고 싶어서, 뭔가 새로운 인생을 살고 싶어서 이 책을 집은 사람들도 있을 것이다.

미국의 로또 당첨자들의 행복도가 일이 년 지난 뒤 다른 평범한 사람들의 행복도와 비슷하다는 연구 결과를 보면 과연 인생에 드라마틱한 일이 벌어져야 행복한 인생을 살 수 있는지 의문을 가질 수밖에 없다. 끝까지 자기 자신을 놓지 않고 걸어가는 인생이야말로 매 순간 새롭고 성숙한 인생이 아닐까.

지금까지 너무 바빠 미처 생각하지 못했다면 마흔이라는 나이를 핑계 삼아 생각해 보자. 칠십 혹은 팔십 세에 후회할 만한 것들을 지금 미리 생각해 보는 것도 좋은 방법이다. 팔십 세가 되면 무슨 생각을 하게 될까? 인생에서 뭘 후회하고 있을까? 그것이 과연 지금 내가 후회하는 것과 크게 다를까?

지금까지 자신의 삶을 풍요롭게 하기 위해 했던 모든 노력은 칭찬받아 마땅하다. 그 노력의 순간들은 결코 헛된 시간이 아니었을 것이다. 하지만 이제부터는 젊음이라는 이름이 주는 압박과 의무감을 던지고, 온전히 자기 자신을 찾기 위한 여유를 가져 보자. 그리고 물어보자.

"나는 지금 잘 살고 있는 걸까?"

누군가가 대신 그 질문에 답해 주길 바란다면 스스로 확실한 대답을 할 자신이 없어서일 것이다. 그렇다면 한층 더 깊은 질문을 던져 볼 필요가 있다.

지금 나는 나를 행복하게 해 주고 있는가?

마흔 즈음에 우리는 생의 근본적인 질문에 부딪힌다. 이 질문에 답을 찾지 못하면 막연한 공허감에 사로잡히거나 허무감에 젖게 된다. 마흔 이후에 성공한 인생을 살게 되었다고 느끼건 성공하지 못한 채 아직도 자신의 길을 찾지 못하고 있다고 느끼건 마찬가지다.

사람들은 사는 동안 살아야 하는 의미나 이유를 찾는다. 지금까지는 의미를 찾기보다는 '해야 하는 일'을 열심히 하며 살아왔을 것이다. 어릴 때부터 성공한 인생을 살기 위해서는 공부를 해서 좋은 대학에 가야 하고 좋은 직장에 취업해야 한다고 귀가 아프도록 들으며 살아왔을 것이다. 그래서 '삶의 의미' 따위는 생각할 겨를이 없었을지도 모른다. 마흔이 되어서야 비로소 생각할 수 있게 되었더라도 너무 늦은 것은 아니다.

먹을 게 없어 굶어죽지 않는 사회에서, 몸과 영혼을 죽이는 것은 바로 삶의 의미를 잃어버리는 것이다. 삶의 의미가 확고하다면, 하기 싫은 일을 해야 할 때도 무리 없이 잘 해낼 수 있다. 하지만 그렇지 않다면 일은커녕, 숨 쉬는 것조차 버거워진다. 자신이 어떤 일을 할 때 또는 어떤 시간을 보낼 때 살아 있음을 느끼고 의미를 느끼는지 생각해 보자. 이런 생각과 고민은 부끄러운 것이 아니다. 우리는 평생에 걸쳐 신체적, 정신적 변화를 겪고 그에 따라 자연스럽게 관심사도 변한다. 추구하는 가치가 달라지는 것이다.

사회와 가정이 요구하는 역할에 충실히 살다 보면 자신의 관심사와 감정에 소홀해질 수 있다. 이것이 행복하게 살고 싶지만 여전히 행복과 먼 삶을 사는 사람들이 많은 이유다. 그리고 무수히 많은 마흔들의 고민이기도 하다.

이것은 물론 그들의 잘못이 아니다. 더 나은 삶을 위한 성실함과 노력은 그 자체로도 충분히 의미 있다. 하지만 끊임없이 열심히 일하면서 늘 불행에 허우적거린다면 오히려 스스로 삶을 위협하는 결과를 낳을 수 있다.

지금의 시간들 속에서 나는 나를 얼마나 행복하게 해 주고 있는지 가만히 들여다보자. 누가 나를 행복하게 해 주어야 한다고 끊임없이 생각해 왔을지도 모른다. 그러나 결국 내가 나를 행복하게 해 주지 않으면 그 누구도 나를 행복하게 해 주지 않는다는 것을 이 나이가 되면 깨닫게 된다.

드라마나 영화에 나오는 '백마 탄 왕자님' 같은 사람이 현실에서 나타나기를 기다리는 한 계속 불행한 느낌에 시달리게 될지도 모른다. 스스로 행복해진 사람이 스스로 행복해진 사람을 만나야 비로소 행복한 인생이 완성된다. 소소한 일상의 행복을 누릴 수 도 있게 된다.

마흔에 시작된 마음의 병을 체크하라

자신이 만성적인 불행에 빠진 상태라면 우울증을 앓고 있다고 볼 수 있다.

우울증은 단순히 '우울한 기분'이 아니다. 우울증은 의지가 약한 사람에게나 생기는 병도 아니며 기분이 잠깐 좋아진다고 낫는 병은 더더욱 아니다. 때로는 감기처럼 가볍지만 말기 암처럼 한 사람의 생명을 앗아갈 만큼 무섭고 무거운 병이 우울증이다.

하지만 아무리 이렇게 설명해도 병명이 주는 어감 때문인지, 여전히 우울증이 '우울한 감정을 잘 다스리지 못해 생기는 병', '의지가 박약한 사람들이 걸리는 병'이라는 인식이 팽배해 있다. 이는 우울증으로 인한 자살률 1위 대한민국에서 한참 뒤처진 인식인 셈이다.

눈에 보이지 않는 죽음이 매 순간 국민들의 목숨을 앗아 가고 있는 재난 상황임에도 불구하고, 사회적 분위기는 자살 문제의 심각성을 인지하지 못하는 것도 모자라 이제는 이런 상황에 익숙해진 지경에 이르렀다. 우리 사회의 중추를 맡고 있는 중년의 우울증 또한 심각한 상황이다. 오랜 시간 억압된 문제들이 터져 나오는 중년의 우울증은 그 층위가 매우 넓고 증상도 다양하다.

그래서 마흔의 마음을 들여다보며 우울증이라는 질병을 말하지 않을 수 없다. 우울증은 여러 증상을 동반하여 나타난다. 단순히 마흔의 불안으로 해석할 수 없는 문제들을 일으키는 것이다. 우울증은 아주 오랫동안 스트레스와 상처 등이 쌓이고 쌓이면 생기는 심리적 질병이다. 눈에 보이는 병이 아니어서 쉽게 발견하지 못한 채 쌓아 놓게 되고 초기와 중기를 지나 말기 증상이 되어서야 심각하다는 것을 발견하기 때문에 강박증이나 편집증 등을 동반하고 나타나기도 하고 공황장애 증상으로 번져 가기도 한다.

당신이 선 그 자리에서 지금 당장 당신의 마음을 체크해 보길 바란다.

마흔한 살이 된 C 씨는 어린 시절 성폭행의 상처로 오랜 시간 우울증을 겪었다. 당시에는 그것이 우울증인 줄도 모르고 그저 막연하게 힘든 시간을 보냈다. 누구보다 그녀의 편이 되어 주었어야 할 어머니는 딸이 수치스러운 짓을 당했다는 생각에 그 일을 숨기기에 급급했다. 같은 여성인 어머니에게조차 이해받지 못한 그 끔찍한 기억은 그녀의 가슴에 깊이 박혔다.

대학을 졸업하고 열심히 일을 하며 그 기억은 어느 정도 잊히는 듯했다. 나쁜 기억은 다 잊고 살아야 한다는 어머니의 조언이 도움이 되는 것도 같았다. 어차피 잊는 것이 자신이 할 수 있는 전부였다.

그녀는 교회에서 착실한 청년을 만나 결혼했고 그걸로 새로운 삶이 시작된 것처럼 보였다. 하지만 그렇지 않았다. 안정적인 삶이 분명했지만 그녀는 늘 불안과 괴로움에 시달렸다. 무엇이 문제인 줄 알면서도 그녀는 이를 악물고 옛 기억과 감정을 덮으려 애썼다.

정신과에서 우울증 진단을 받고 약을 먹었지만 정신만 멍하고 삶의 의욕이 사라졌다. 아무리 독한 약도 어린 나이에 당했던 그 끔찍한 악몽을 지우지 못했다. 그러던 어느 날 그녀는 나를 찾아왔다. 그리고 숨기려, 지우려 애썼던 상처가 눈물과 함께 드러났다. 그녀는 지금 그 상처의 무게에 짓눌려 잃어버렸던 시간과 감정을 찾아가고 있다. 고통스러운 과정이지만 그 고통이 삶의 숨통을 틔워 주었다.

그렇지 않았다면 마음 어딘가를 절단한 채 죽은 삶을 살았을 거라고 그녀는 고백했다. 그녀는 마흔이 넘어서야 새롭게 태어났다.

마흔 살이 넘어서 자신의 심리적 병증을 인식하고 용기 있게 치유를 위한 결단과 노력을 했기 때문에 가능한 일이었다. 일시적으로 힘든 감정은 금방 지나갈 수 있다. 그러나 우울하고 불안한 느낌이 오랫동안 지속된다면 반드시 심리적 문제를 점검해 보길 바란다. 그러면 해결된다.

그러나 더욱 중요한 것은, 그때그때 해결하지 못하고 쌓아 놓았기 때문에 마음의 병으로 발전하게 되었다는 것이다. 그래서 힘들고 고통스러운 일이 생기면 그때마다 쌓아 두지 말고 친밀한 관계를 맺고 있는 누군가와 함께 이야기를 나누길 바란다.

사십 대 중반의 여성 H 씨는 세 자녀 중 둘째로 태어났다. 상담을 받으러 온 첫날, 그녀는 오빠와 여동생 사이에서 늘 찬밥 신세였다고 한탄했다. 부모님은 늘 맏아들을 최우선으로 신경 썼고 그녀는 밥 먹듯이 소외됐다. 막냇동생은 애교가 많아 부모님은 물론 친척 어른들에게도 귀여움을 받았다. 모두가 막내를 애지중지했지만 그녀에겐 큰 관심이 없었다. 그녀는 명절에도 존재감 없는 아이였으며 부엌에서 엄마를 도와 전을 부치거나 설거지를 했다.

관심 받지 못한 그녀의 얼굴은 언제나 어둡고 생기가 없었으며 그 때문에 사람들로부터 더 관심을 받지 못하는 악순환을 겪었다. 그리고 사춘기가 시작되자 공황장애가 왔다. 이유도 없이 쓰러져 숨을 헐떡였고 눈앞이 흐려졌다. 사지가 마비되는 고통에 시달리며 그녀의 영혼도 서서히 시들어 갔다.

그녀는 스스로를 세상에서 가장 쓸모없는 존재로 여겼고 연애도, 결혼도 하지 않았다. 살기 위해 억지로 직장 생활을 하고는 있었지만 자판을 치다 말고 창문으로 뛰어들고 싶은 충동에 시달렸다.

삶도 공기도 무의미하고 허무했다. 그런 그녀를 상담실에 데리고 온 사람은 그녀의 여동생이었다. 그녀는 심리 상담에 상당한 불신을 갖고 있었지만 죽기 전에 마지막으로 시도해 보자는 생각으로 상담을 받았다. 마음속 억울함과 슬픈 감정이 어찌나 많았는지 그녀는 내가 만난 어떤 사람들보다 더 많은 눈물을 흘렸다. 치료가 된다 하더라도 그전까지 살아온 삶을 허비한 게 아니냐고 내게 물었지만, 이후 그녀는 그 질문이 의미 없을 만큼, 과거의 어떤 시간보다 더 생생하게 살아났다.

자신의 마음 깊은 곳에 쌓여 있던 한스럽고 고통스럽던 수많은 이야기를 말로 풀어내고 글로 써서 털어 냈다. 무의미하다고 여겼던 고통의 시간들조차 의미 있는 시간으로 깨닫기 시작했다. 상담실에서는 나와 함께 자신의 아픈 시간들을 조금씩 이야기했고 상담실에 오지 않는 일주일 동안에는 자신의 지나온 시간을 노트에 쓰기 시작했다.

마음의 치유는 아팠던 시간으로 거슬러 올라가 그때의 통증을 직면할 때부터 일어난다. 그녀는 잊고 싶었던 지난 기억들을 다시 떠올리는 용기를 냈고 말하기 시작했다. 그리고 부끄러워서 회피하고 싶었던 감정을 새로운 감정으로 교환했다. 치유가 되는 것을 느끼는 지점은, 똑같이 상처 받은 경험에 대해 이전과는 다른 재해석을 하는 경험을 하게 되면서부터다. 이런 시간은 언제나 놀랍다.

고통의 시간이 자신에게 쓸모없고 무의미하지 않다는 깨달음은 새롭게 태어나는 것처럼 신비롭고 아름다운 느낌을 준다. 어떤 사람은 그 깨달음의 시간이 일 년쯤 걸리고 어떤 사람은 삼 년이나 오 년이 걸리기도 한다. 오래 걸리는 것은 자신의 내면에 쌓인 상처가 다른 사람보다 더 크다는 증거다.

당신의 상처는 부끄러운 것이 아니다. 부끄럽다고 해석하고 그 마음을 인식의 틀 속에 견고하게 접착시켰기 때문에 부끄러운 것으로 여기게 되는 것이다. 상처는 치유되면 당신의 크나큰 자산이 되고 다이아몬드처럼 빛나는 보석이 된다. 마음속에 켜켜이 쌓여 있는 각종 상처를 들여다보기 시작하면 치유가 시작된다는 것을 잊지 말았으면 한다.

H 씨 역시 치유를 위한 용기 있는 여정을 선택했기 때문에 새로운 인생의 전환점을 맞이하게 된 것이다. 마흔 무렵까지 한 번

도 마음 점검을 하지 않았다면, 누구나 그동안 쌓여 있던 심리적, 정신적 문제들이 와글거리며 일상을 힘들게 할 수 있다. 자책이나 두려움을 버리고 점검하고 해결하면 된다.

생애를 지나오는 동안 누구나 상처 받는다 🌼

위의 사례는 자신이 평범하게 살아왔다고 생각하는 당신에게는 조금 극단적인 사례처럼 보일 수 있다. 그러나 아픔이 작거나 크다는 것은 자신만이 느끼는 매우 주관적인 느낌이다. 다른 사람이 볼 때는 대수롭지 않은 작은 문제가 자신에게는 엄청나게 큰 문제일 수도 있는 것이다.

나는 가끔 책을 쓰거나 사색을 위해 강가의 한적한 카페를 찾는다. 내가 쓰는 책이나 칼럼 혹은 에세이들은 모두 상한 마음과 아픔에 어떻게든 도움을 주고자 쓰는 내용들이기 때문에 흐르는 강가를 바라보며 집필을 하게 되면, 내 마음이 정화되어 좀 더 명료하게 책의 주제를 인식하게 된다. 치유적인 이야기와 내용들이 떠오르는 강가에서의 글쓰기는 그래서 너무나 좋다.

눈에 보이지도 않는 타인의 아픔을 깊이 들여다보고 다루는 일은 항상 힘들고 외롭다. 그들의 슬픔과 고통 속으로 걸어 들어가 온전히 받아 줘야 하는 치유의 시간들은, 치유자인 나 혼자 감당해야 하는 기나긴 기다림의 시간이기 때문이다. 그래서 종종 치유의 강가를 찾게 된다.

눈 내리는 겨울 강가, 시원한 바람이 푸르게 와닿는 여름 강가, 물빛이 깊어지는 가을 강가, 봄볕을 품어 한없이 자애로운 봄 강가 등 사계절의 강 풍경은 모두 아름답고 치유에 도움이 된다.

이 글을 쓰는 지금도, 가을이 붉은 단풍색으로 물 위에 내려앉은 고즈넉한 풍경 속에 앉아 있다. 물결이 잔잔하게 일렁이는 것까지 자세히 보이는 카페 이 층에 자리 잡고 한참 동안 강물을 내려다보았다. 지난봄에 만났던 물빛과는 확연히 달라진 빛깔이다. 분주했던 마음을 가라앉히고 숨을 고른다.

내가 바다나 강을 좋아하는 이유는 어렸을 때부터 내 마음속 깊은 곳에 출렁이거나 세차게 파도치는 무언가를 늘 경험했기 때문일 것이다. 내 마음 깊은 곳과 닮은 바다나 강에 가서 하염없이 바라보거나 걷거나 달리고 나면 내면의 파도가 잠잠해지곤 했던 경험이 물을 좋아하게 된 계기가 되었을 것이다.

살아오면서 각자가 받았을 크고 작은 상처를 치유하기 위해 자신만의 방법을 찾아보자. 나처럼 물을 좋아한다면 강이나 바다로

가서 마음속 아픔을 치유하는 시간을 갖길 바란다. 나무나 숲을 좋아한다면 푸른 숲의 기운이 자욱한 곳으로 가서 쉼과 힐링을 경험하길 바란다.

시월의 강물은 가을빛이 물 위에 어려 더욱 물밑이 깊어 보인다. 지금 자신의 마음 상태에 따라 물이나 숲은 다 다르게 보일 것이다. 어떤 땐 슬프게 보일 것이고 어떤 땐 외롭게 느껴질 것이다. 그런 자기 마음과의 동질감 때문에 위로를 받고 치유를 경험하는 것이다.

단 한 순간도 멈추지 않고 흐르는 강물은 우리 인생과 많이 닮았다. 우리 각자의 인생 시간도 단 한 순간도 멈추지 않고 흘러갔으며 또 흐르고 있기 때문이다.

그 흐르는 물결 곳곳에 박혀 있던 수많은 크고 작은 뾰족한 돌맹이들에 부딪히기도 했으며, 피가 나기도 하고 심각한 통증에 주저앉아 한참 동안 일어나지 못하던 시간들도 있었다. 그런 시간들도 계속해서 뒤로 뒤로 밀리며 우리의 생을 새로운 곳으로 가져다 놓았고 그렇게 마흔이 되었다.

가을이 지나면 곧 겨울이 다가오겠지만 봄은 또다시 찾아와 당신만의 꽃을 피우게 될 것이다. 모든 사람은 각자 자신의 고통 속에서 나름대로 의미를 찾으며, 때로는 힘든 시간을 뚫고 지나간다. '고통'이라는 진창 속에서도 향기로운 꽃은 핀다. 인생의 고통은 사람마다 다르고 각자가 느끼는 고통의 크기도 다르다. 꼭 기억해야 하는 것은, 자신의 고통이 가장 크다고 느끼겠지만 모든 사람이 그렇게 느낀다는 사실이다. 그리고 고통 속에서 핀 꽃은 더욱 향기가 짙다는 사실도 기억하길 바란다.

　마흔 즈음의 각자의 힘들고 어려운 느낌을 모두 일반화하기는 어려울 것이다. 혼자만 안고 고뇌하며 살아오는 동안 다른 사람의 아픔을 들여다볼 수조차 없었다면 더욱더 자신만이 이런 고민에 빠져 있다고 생각하게 될 것이다. 그렇기 때문에 이제라도 마흔을 살아온 자신의 삶을 펼쳐 탐색하고 분석하는 시간을 가져 보자. 이런 시간들이 마흔 이후의 삶을 풍요롭게 할 것이다.

　앞의 사례처럼 심리 상담을 받는 것도 한 방법일 것이고, 자서전을 쓰는 심정으로 지금까지 자신의 인생을 돌아보며 글로 정리하는 시간을 갖는 것도 좋은 방법이다.

　더욱 좋은 것은 마음이 잘 통하는 누군가와 함께 여행을 떠나거나 고요한 시간을 가지면서 깊은 마음의 대화를 나누는 것이다. 비슷하거나 혹은 다른 고민거리들을 나누는 동안 서로에게 따뜻한 온기가 전해져 힘을 얻게 될 것이다. 사람에게는 사람이 필요하다. 아무리 말해도 지나치지 않는다. 내 마음을 나누고 소통할 수 있는 단 한 사람만 있으면 살아갈 힘을 얻게 되고 아무리 혹독한 마음의 추위가 닥쳐도 죽지 않을 것이다.

그렇게 자기 몫의 고통을 뚫고 이기고 극복하면 자신의 인생 밭에 자신이 원하는 꽃을 피우게 된다. 그 향기는 생애를 관통하여 흐르며 당신의 인생을 의미 있고 행복하게 만들어 줄 것이다. 모든 사람은 자신만의 꽃밭을 가지고 있다. 눈을 들어 보면, 온갖 모양의 형형색색의 꽃밭이 저마다의 생의 정원에 자리한 모습을 보게 될 것이다.

나만 꽃이 피지 않는다고, 잡초만 무성하다고, 괴로워하지 말길 바란다. 언젠가 당신의 꽃이 향기롭고 무성하게 피어날 것이다. 마흔 즈음의 당신의 꽃밭엔 꽃봉오리만 가득할 수도 있고 아직 잡초가 다 뽑히지 않았을 수도 있다. 그래도 괜찮다.

고통이 완전히 없어져야 행복하다?

고통의 시간을 오래 살아온 사람은 자신의 고통이 완벽하게 없어지기를 바란다. 대부분의 사람이 상담실에 처음 와서 상담의 목표를 말할 때 "행복해지고 싶다"라는 말을 한다. 행복해지고 싶다는 추상적인 희망은 자신이 지금까지 지긋지긋하게 겪어 온 고통을 완전히 없애야 행복해질 것이라는 인지 오류를 만들어 낸다. 자신보다 행복해 보이는 사람들은 모두 고통이 없을 것이라고 단정 짓기도 한다. 자신은 고통이 많아서 결코 행복할 수 없을 것이라는 생각이 아주 강하게 작용하는 것이다.

"나는 지금 행복합니다"라고 말하는 사람들을 자세히 알고 보면 단 한 사람도 고통 없이 살아오지 않았다. 그 고통을 자신만의 방식으로 승화시키고 자신의 삶을 살아가며 행복을 느끼는 것이다. 자신의 고통을 자신의 일부로 받아들이며, 아주 극심한 병리적 증상의 통증만 아니라면 그 고통을 가진 자신을 껴안아 주고 다독여 주면 좋겠다. 스스로를 긍휼하게 여기며 받아 줄 때 타인에 대해서도 긍휼한 마음이 생기게 된다. 그리고 여유가 생기고 조금씩 삶의 소소한 즐거움을 느낄 수 있게 된다. 작은 즐거움이 계속 모이면 행복하다는 느낌이 커지는 것이다.

그러므로 고통이 완전히 없어져야 행복해질 것이라고 생각하지 말자. 고통 속에서도 우리는 기뻐하며 행복해질 수 있다. 질병의 근원을 치유하고 나서도 아직 남아 있는 습관적 고통의 감각이 남아 있을 수도 있다. 습관은 무의식의 영역에 깊이 파묻혀 있기 때문에, 모든 습관은 치유 이후에 오랜 세월에 걸쳐 서서히 바로잡히는 것이다. 이러한 습관에 의해서 아직도 여전히 자신이 불행하다고 인식하기도 한다. 이것을 명확하게 보고 인식하자. 당신은 이미 예전에 행복해졌음에도 불구하고 아파서 얼얼했던 감각이 행복한 느낌을 눌러 놓았을지도 모른다.

습관적으로 모든 상황을 부정적으로 해석하던 사람이라면 마흔이 되어도 여전히 그럴 것이다. 마흔 이후에는 더 견고하게 자신만의 화석화된 생각이 굳어지기 때문에 쉽게 변하지 않는다. 생각, 태도, 표정, 말투, 가치관, 그 모든 것이 사십 년에 걸쳐 굳어져 왔기 때문이다.

그래서 끊임없이 인식하고 통찰하고 변화를 위해 노력해야 한다. 그러면 아주 조금씩 변화를 경험하게 된다. 스스로 무너지지 않기 위해 고군분투하며 수많은 방어기제와 페르소나를 쓰다 보니 생긴 아집과 편견도 자신의 친숙한 일부가 되었을 것이다. 그 또한 인식하고 각성하며 변화를 시도해 보자. 이런 변화는 마흔 이후의 삶을 위해 꼭 필요한 수순이다.

그러므로 고통의 진창에서 결코 무너지지 않기를 바란다. 고통이 끝없이 이어진다 해도 완벽한 절망이 아니라는 것을 나를 비롯해 수많은 사람이 이미 경험했다. 당신은 쉬지 않고 흐르는 강물처럼 계속해서 흘러가며 마침내 삶의 꽃을 향기롭게 피워 낼 것이다. 더 이상 흐르고 싶지 않다며 버틴다고 흐르지 않는 것이 아니다. 그럴 수 없지 않은가. 마흔까지 흘러왔듯이 앞으로 여든

을 향해 흘러갈 것이다. 앞으로의 마흔 해는 지금까지의 마흔 해
와는 달라야 하지 않겠는가. 아프지 않은 삶이 완벽한 것도 행복
한 것도 아니다. 그 아픔을 각자 자신만의 예술로 승화시킬 수 있
다. 인생이라는 거대한 캔버스에 각자의 색채를 아로새기며 의미
있고 행복한 시간으로 꾸미며 나아갈 수 있다.

가장 나다운 것

오늘도 사회에서 요구하는 역할에 맞춰 다양한 가면을 쓰며 자
기 자신을 잃진 않았는가. 퇴근 후 집에서조차 자기 자신을 착취
하며 소모하진 않는가.

하루 중 언제 그 모든 가면을 내려놓고 민낯의 자기 모습을 바
라보는가? 사람 만나는 걸 좋아하지 않으면서 억지로 다른 사람
의 기분을 맞추기 위해 여행을 가고 약속을 잡는 당신을 챙길 사
람은 누구인가? 때로 나를 위해선 다른 사람을 조금 뒤로 밀어 놓
아도 된다. 거기에 죄책감은 느끼지 않아도 된다. 혹시라도 혼자
가 될까 봐 늘 친구에게 끌려다녔던 십 대나 이십 대가 아니기 때
문이다.

나이 드는 것은 좋든 싫든 점차 '나다운 것'을 찾아간다는 점에서 꽤 근사한 일이다. 몸에 생기는 주름살은 달갑지 않지만 마음에 생기는 주름살은 마음을 굽히기 쉽게 한다. 다른 사람의 말에 더 잘 귀 기울일 수 있는 내면의 유연함을 얻게 되는 것이다.

나다워진다고 해서 고집이 더 세지는 것은 아니다. 고집스럽지 않은 부드러움과 유연함은 치유와 깨달음의 끝에 오는 선물이다. 자신과 가장 가까운 친구는 바로 자기 자신이지만, 나를 챙기듯 다른 사람들을 챙길 수 있는 배려를 갖는 것 또한 나이가 들수록 중요한 덕목이다.

하지만 무엇보다 소중한 것은 자기 자신이라는 것을 잊지 말자. 이런 마음은 독단이나 이기심이 아니다. 적어도 타인을 존중하는 만큼 자신도 챙겨야 한다.

'마흔이나 됐으면서 왜 이렇게 속이 좁아? 좀 여유롭고 넉넉해지면 안 돼?'

우리는 마흔의 자신에게 이런 말들을 쏟아 붓는다. 마흔이라는 나이는 긍정적이기보단 자신을 공격하는 빌미로 여겨질 때가 있다. 하지만 마흔이라는 나이에 완벽함을 바라선 안 된다. 인생에 어떤 완벽한 나이는 없다. 죽기 직전까지 우리는 실수하고 상처 입을 것이다. 인간은 완전한 존재가 아니다.

하지만 마흔은 자신을 돌아보기에 가장 좋은 나이다. 인생이라는 커다란 종이를 반으로 접은 지점이기 때문이다. 자신을 먼저 용납하고 품어 준다면 다른 사람의 실수도 부드럽게 넘어갈 수 있다. 나이가 들수록 쪼잔하고 신경질이 많아진다는 것은 그런 어린아이 같은 자신의 모습을 제대로 들여다보지 않았다는 증거이기도 하다.

결국 혼자 남겨질 때 가장 가까이에 남는 친구는 바로 자신이다. 그 친구는 세상에서 나를 가장 고통스럽게 할 수도 있고, 가장 좋은 친구가 될 수도 있다. 계속해서 자신을 속이는 삶을 산다면, 마음의 친구의 요구를 외면한다면 고통스러워지는 것은 자신이다.

자서전 쓰기

인생의 중반을 넘어가는 시점에 자신의 일대기를 글로 적어 보면 깨닫게 되는 것이 매우 많다. 평소에 글쓰기를 싫어하는 사람들도 해 볼 수 있다. 자신의 인생을 몇 단계로 나누어 지나간 일을 반추하고 성찰하다 보면 앞으로의 삶을 위한 지혜와 새로운 계획과 만나게 된다.

아래와 같은 단계로 한번 써 보자. 막연하게 생각된다면 힌트로 제시하는 질문을 따라 써 보는 것도 좋다.

유년기의 나

엄마의 배 속에 있는 동안의 환경은 어땠는가? 태어났을 때 어떤 환경이었는가? 엄마, 아빠는 서로 사랑하며 행복한 부부였는가? 유년기의 행복했던 기억은 무엇인가? 유년기의 불행했던 기억은 무엇인가? 형제나 자매와 어떻게 지냈는가? 미래에 바라는 것은 무엇이었는가?

아동기의 나

처음 학교에 입학했을 때 설렘이나 두려움 같은 감정이 있었는가? 학교에서 선생님이나 또래 아이들과의 관계는 어땠는가? 학교생활은 대체로 좋았는가? 좋았다면 어떤 것이 좋았는가? 학교생활이 힘들었다면 왜 힘들었는가? 친구들은 몇 명이나 생겼는가? 친한 친구들이 있었는가? 그 아이들과 갈등은 없었는가? 혹시 왕따를 당한 적은 없는가? 그 시기에 부모님과의 관계는 어땠나? 그 시기에 형제나 자매와의 관계는 어땠나?

청소년기(사춘기)의 나

중학생, 고등학생이 되었을 때 어떤 마음으로 학교를 다녔는가? 그때 가장 간절히 생각했던 것은 무엇이었나? 그 시기가 힘든 시간이었다면 왜 그랬을까? 사춘기의 혼란스러운 시간을 이기기 위해 했던 행동은 무엇이었나? 일탈을 했다면 무엇이었나? 학업에 대한 어려움은 무엇이었나? 학교 선생님과의 관계는 어땠나? 또래 친구들과의 관계는 좋았는가? 친구는 몇 명이나 있었으며 친구와의 갈등은 없었는가? 그 시기에 꿈이 있었는가? 그 꿈을 이루기 위해 어떤 노력을 했는가? 꿈이 없었다면 왜 없었을까? 그 시기에 부모님과의 관계는 어땠나? 그 시기에 부모님은 서로 사랑하며 행복했는가? 형제나 자매와의 관계는 어땠나?

청년기(대학생 시기 혹은 취업 후)의 나

대학을 갔다면 왜 그 대학, 그 학과를 지원하게 되었나? 그 학과의 공부가 적성에 맞았는가? 대학 생활이 행복하고 만족스러웠는가? 행복하고 만족스러웠다면 이유가 무엇인가? 대학 생활이 불행했다면 그 이유가 무엇인가? 대학 시절 친밀한 친구가 있었는가?

연인을 만났다면 어떤 사람인가? 연애가 행복했는가? 평생 함께하고 싶은 사람을 만난 적이 있는가? 실연을 당했다면 무슨 이유 때문인가? 실연 이후에 무슨 감정을 느꼈는가?

취업을 하게 되었다면 자신이 원하는 직장이었나? 직장 생활은 만족스러웠는가? 만족스럽지 않았다면 왜 그런가? 이직을 원하거나 실제로 이직한 경험이 있는가? 이직 후에 만족스러웠나?

장년기에 접어든 후의 나

인생을 잘못 살아온 것 같은 자괴감이 있는가? 결혼을 했다면 지금 결혼 생활이 어떤가? 행복한 결혼 생활이라면 왜 그런가? 만약 불행한 결혼 생활을 하고 있다고 생각한다면 왜 그런가? 배우자에 대한 생각은 어떤가? 자녀가 있다면 자녀들에 대한 감정은 어떤가? 결혼이 자신에게 끼친 영향은 무엇인가? 아직 결혼하지 않았다면 왜 하지 않았나? 결혼하지 않은 자신에 대한 감정은 어떤가?

현재 하고 있는 일이 만족스러운가? 만족스럽다면 왜 그런가? 만족스럽지 않다면 어떻게 하고 싶은가? 노년기를 위해 무엇을 준비하고 있는가? 막연한 불안이 일어나고 있다면 어떤 불안인가?

지금까지 살아온 시간들이 다 잘못되지 않았다는 것을 깨달았다면 그 시간들을 살아 낸 자신에게 주는 찬사의 말과 칭찬의 표현을 아낌없이 적어 보자. 미흡하게 살아온 시간들이 있다면 더 자세히 분석해 보자. 그 미흡함을 해소할 방법도 자세히 적어 보자. 자신이 살아 낸 모든 시간이 의미 있고 용기 있는 삶의 시간이었다고 써 보자. 비록 많은 실수를 하고 시행착오를 수없이 거쳤다고 해도 그 시간들이 지금 그리고 미래의 자신의 삶을 위한 중요한 경험의 시간이었다고 인식하는 말도 써 보자.

글을 쓰는 방법은 처음에는 어색하고 어렵게 느껴질 수 있지만, 글을 쓰면 쓸수록 자기 성찰과 자기 분석의 기회가 생겨, 그 생각들이 이후의 삶을 위한 구체적인 방향을 제시하는 등대가 된다.

막연히 자신이 살아온 시간을 후회하며 미래를 불안해하기보다는 지나온 시간을 되짚어 보며 성찰하는 시간을 통해 새로운 깨달음을 얻길 바란다. 그래야 앞으로 후회를 줄이고 행복하게 살 수 있다. 🔳

소망 일지 쓰기

지나간 시간들을 자서전처럼 나열해 보았다면 이제는 앞으로 다
가올 시간을 위한 글쓰기를 해 보자. 앞으로 자신에게 일어났으
면 하는 일을 써 보는 것이다. 아래의 내용을 참고로 뭐든지 써 보
자. 두서없이 써도 되고 현실 불가능한 일을 써도 좋다. 나 혼자
마음껏 미래를 상상하며 공상의 나래를 무한히 펼쳐 봐도 좋다.

소원했지만 아직 일어나지 않은 일

🖉

오십 대가 되었을 때 이루어지기를 바라는 자신의 모습

🖉

육십 대가 되었을 때 이루어지기를 바라는 자신의 모습

✎ --

칠십 대가 되었을 때 이루어지기를 바라는 자신의 모습

✎ --

팔십 대가 되었을 때 이루어지기를 바라는 자신의 모습

✎ --

만일 구십 세가 넘도록 살게 된다면 그 이후에 바라는 자신의 모습

✎ --

3장

마흔, 다시 사랑하고
싶은 나이

배려하기 위해서는 지혜가 필요하며,
지혜를 발휘할 용기가 필요하다.
그렇게 우리는 사랑하는 사람들을 사랑한다. 지킨다.
서로가 서로의 결핍을 채운다.
사랑받을 자격이 충분한 나이, 가장 사랑하기 좋은 나이는
바로 내가 준비되어 있는 그때다.

부부 아닌 형제?

마흔의 부부도 각자의 문제로 상담실을 찾아올 때가 있다. 전적으로 마음을 터놓아야 할 부부 사이지만 서로에게 끝까지 진심을 말하지 않고 갈등이 커지는 경우다.

J 씨는 누가 봐도 매력적인 여성이었다. 하지만 스스로는 철저히 실패자라고 생각하며 쓸모없는 존재라고 여겼다. 그녀의 남편은 무뚝뚝하고 정서적으로 소통할 수 없는 남성이었다. 결혼 후 내내 후회의 연속이었다. 내면이 안정적이지 못한 그녀는 늘 짜증에 차서 초등학생 아들을 대했고 그러면서 아들도 서서히 자신에게서 멀어졌다. '이렇게 살아서 뭐하나' 하는 무기력증이 심해졌다. 이런 이야기를 남편에게는 한 번도 하지 않았다. 어차피 해

봤자 알아듣지도 못하고 소리나 지를 게 뻔하기 때문이다. 그러면서 우울증과 외로움이 깊어져 갔다.

이렇듯 부부가 소원해지면 혼자 있을 때보다 더 큰 외로움에 빠지게 된다. 이 부부는 부부 상담을 오래 받으면서 간신히 서로 노력하는 단계에 이르렀다. 그전까지는 부부가 왜, 어떻게 서로 노력하며 살아야 하는지조차 모르고 있었다. 결혼만 하면 저절로 관계가 유지될 줄 알았던 부부는 비로소 상대방을 어떻게 대해야 하는지 알게 되었다.

이 부부가 가장 먼저 회복해야 했던 것은 '대화'였다. 가족이 대화를 하지 않으면 남보다 못한 사이가 된다. 그리고 혼자 사는 것보다 더 큰 외로움을 느끼게 된다. 아무도 없으면 우리는 자연스럽게 외로움을 자신의 일부분으로 받아들인다. 그러나 배우자나 자녀, 부모가 있을 때는 저절로 사랑받고 싶은 무의식적인 기대가 생기는데, 아무런 대화도 없이 서로 투명인간처럼 대하는 동안 날카로운 칼날에 찔리는 듯한 상처를 받게 되는 것이다.

나는 이들에게 대화법을 알려 주고 하루에 삼십 분 이상 대화하는 시간을 갖도록 권한 후 일주일에 한 번씩 점검했다. 처음에 어색해하던 부부는 조금씩 깊은 대화를 나눌 수 있게 되었다. 대화는 하지 않으면 아예 하지 않게 되지만 하면 할수록 더 많은 대화거리가 생겨나게 된다. 대화는 피다. 피가 돌지 않으면 신체가 죽듯이 부부 사이에도 대화를 하지 않으면 부부 관계는 죽는다. 신선한 혈액이 공급되듯이, 대화의 시간이 길어지고 대화의 내용이 깊어질수록 부부는 살아나기 시작했다. 무엇보다 서로를 깊이 사랑한다는 사실을 깨달았고 더 성숙한 사랑을 서로에게 나눠 주기 시작했다.

사랑이 영혼과 육체에 스며들자 화를 내는 일도 사라졌다. 화를 내는 것은 미성숙한 어린아이의 태도인데 화(분노)의 근원은 애정 결핍이다. 부부에게 사랑이 전달되자 화를 불러일으키는 애정 결핍이 사라진 것이다. 그렇게 짜증스럽던 아들도 사랑스럽기만 했고 어린 아들의 잦은 실수에도 발끈하지 않았다. 이렇게 가족 모두는 회복되어 갔다.

열정적인 사랑의 감정이 식은 뒤 끈끈한 '정'으로 사는 부부라면 감춰야 할 큰 비밀 없이 잘 살 수도 있다. 하지만 사랑이든 우정이든 노력 없이 관계가 잘 유지되지는 않는다. 십 년 가까이 같이 산 부부도 마찬가지다. 십 년이든 이십 년이든 부부 관계를 잘 유지하려면 아무리 편해도 서로에게 나태한 모습을 보여선 안 된다. 상대방을 진심으로 존중하고 배려하기 위해서는 적절한 긴장감이 필요하다. 억지로 긴장감을 조성하는 게 아니라, 상대가 무엇을 필요로 하는지 또 무엇을 불편해하는지 인식하는 차원에서 관심을 가져야 한다.

'저 사람은 원래 저런 사람이지', '말해 봤자 소용없어. 어차피 알아듣지도 못할 텐데', '늘 그래 왔으니까 알아서 하겠지'라는 마음으로 관심을 기울이지 않으면 그건 우정이 아니라 무관심일 뿐이다. 습관적으로 저지르는 무관심에서 벗어나 조금만 눈을 뜨자. 사회에서 다른 사람을 신경 쓰는 것의 십 분의 일만 주의를 기울여도 남편을 위해, 아내를 위해 뭔가를 할 수 있을 것이다.

우리는 매장에서 한 번 보고 안 볼 직원에게도 곧잘 '고맙습니다'라고 말한다. 하물며 반려자에게 그만큼의 관심과 존중도 표시하지 않는다면 우리는 가장 소중한 사람을 가장 홀대하는 실수를 저지르는 것이다.

사랑을 유지하는 데 있어 시간은 그리 중요하지 않다. 결혼 생활이 몇 년이 되었든지 간에 시간이 흐른다고 해서 그 사람의 소중함이 바래는 것이 아니기 때문이다. 남편이나 아내에게 잘해 주기위해 억지로 가식을 떨라는 말이 아니다. 당신이 조금의 관심을 기울여 주는 것으로도 상대는 그 노력에 감동하게 될 것이다.

"우리 부부는 형제같이 지내요. 설레는 감정은 없지만 친구처럼, 형제처럼 편해요."

형제 같은 부부란 꼭 나쁜 말이 아니다. 사소한 불만이 쌓여 아예 입을 닫고 사는 것은 형제 같은 부부도, 정으로 사는 부부도 아니다. 오히려 형제 같은 부부란 늘 서로의 생각과 감정을 대화로 이야기하는 부부이며 밖에서 안 좋은 일을 당했을 때 같이 험담해 주는 사이다.

상대방이 아프거나 피곤할 때 좀 더 집안일을 많이 하고 걱정해 주는 관계, 그것이 친구 같은 관계다. 서로에게 언제나 무관심하고 말이 없다면 그건 아무런 관계도 아니다. 형제 같은 부부가 됐다는 말로 그 둘 사이에 감춰져 있는 문제를 덮지 말자.

비를 같이 맞아 주는 부부

T 씨는 불우한 가정에서 자란 마흔여섯의 여성이다. 그녀의 아버지는 수도 없이 외도를 저질렀고 그걸 알면서도 참고 살 수밖에 없었던 그녀의 어머니는 늘 우울과 불안에 시달렸다. 어른들의 문제에 끼어 살았던 그녀는 항상 외로웠다. 아무도 그녀에게 관심과 사랑을 주지 않았기 때문이다.

자라면서 애정 결핍이 심해진 그녀의 마음은 늘 공허하게 뚫려 있었다. 누가 조금만 자기한테 뭐라고 해도 쉽게 적대적으로 돌아섰다. 다행히 착한 남편을 소개받아 결혼했지만 남편이 자신과의 약속을 한 번이라도 어기면 불같이 화를 냈다. 왜 자신을 사랑하지 않느냐며 모질게 남편을 대했고 상처 주었다. 문제는 자신에게 있다는 걸 알았지만 한번 화가 나면 제어할 수 없었다. 그녀는 자기 자신을 잃어 가고 있었다.

하지만 남편은 그녀를 포기하지 않고 상담실에 데려왔다. 아내는 자신에게 무엇이 문제인지조차 말하지 않았지만 그는 아내에게 분명 나을 수 있다는 희망을 심어 주었다. 아무리 길이 멀고 차가 막혀도 남편은 불평 한 번 없이 아내를 상담실에 데려다 주었다. 당시 그녀는 남편의 노력이 얼마나 큰지 알지 못했다. 하지만 몇 년간 심리 치료를 받고 나아지면서 그동안 남편이 얼마나 큰 힘이 되었는지 깨닫게 되었다. 찾아갈 친정도 없는 그녀에게 남편은 하나뿐인 가족이었고 모든 걸 받아 준 친구였다.

마음이 건강해진 그녀는 결혼 전에도 느껴 보지 못한 설레는 감정을 남편에게 느끼기 시작했다. 남편 역시 결혼 전에는 잘 몰랐던 문제에 대해 아내로부터 모두 듣고 그녀를 진심으로 이해해 주었다. 두 사람은 몇 년 동안 극도로 힘든 시간을 겪었지만 이제는 잔잔한 결혼의 바다 위를 항해하며 어느 때보다 큰 행복을 누리고 있다.

지금의 남편이 아니었더라면, 아내는 끊임없이 자신만 불행하다 여기며 고통에 시달리다 자기 자신을 포기했을지도 모른다. 그런 아내가 아니었더라면, 남편은 평생 진심으로 누군가를 사랑하는 방법을 몰랐을지도 모른다. 아내는 남편을 도왔고, 남편은 아내를 살렸다. 두 사람은 내가 만난 가장 아름다운 부부였다.

사랑은 비를 멈추게 하는 것이 아니라, 그 비를 같이 맞아 주는 것이라 생각한다. 사랑하는 사람의 고통을 함께 느끼는 사랑은, 그렇지 않은 사랑보다 완벽하다. 그래서 사랑의 전능함이란 역설적으로 그 연약함에서 나온다.

여전히 유효하며 빛나는 사랑의 본질

사랑을 더 이상 필수로 여기지 않고 선택해서 즐기는 시대가 되었다. 십 대의 순수하고 풋풋한 사랑이나 이십 대의 열정적인 사랑은 지나갔고, 모든 것을 다 바칠 수 있으리라 믿었던 사랑은 이제 누군가에게는 부담이자 무의미한 불꽃처럼 여겨지고 있다. 사랑에 수반되는 책임에 부담을 느끼기 때문이다. 비현실적으로 시작하지만 사실 지극히 현실을 필요로 하는 것이 사랑이다. 일시적인 감정을 위해 평생을 저당 잡히고 싶지 않은 마음이 진정한 사랑을 차단하기도 한다.

하지만 사랑은 수많은 사람이 지금껏, 그리고 앞으로도 매달릴 만큼 강력한 감정이다. 사랑을 할 때 사람들은 상황도, 나이도, 심지어 자기 자신을 잃어버리기도 하기 때문이다. 늘 나 자신을 책임져야만 하는 부담뿐인 삶에서 놓여날 수 있는 방법은 사랑이 유일하다. 그걸 경험하기 위해 인간에게는 그토록 사랑이 필요한지도 모른다.

열정적인 사랑의 시간이 지나면 조금씩 서로가 서로를 일깨운다. 되찾고 싶지 않은 나를 되찾아 가는 쓰라린 시간이 오게 되는 것이다. 아직 그 시간이 오지 않은 커플들은 행복한 환상 속에서 결혼을 한다. 이상한 일이다. 자신을 잃게 만드는 사랑은 자신이 진정 누구인지를 깨닫게 한다.

고대 그리스 철학자 플라톤은 『향연』에서 사랑(에로스)의 본질에 대해 설명하고 있다. '향연'은 올림포스 신들의 잔치를 뜻한다. 그곳에는 여러 신들과 함께 포로스라는 풍요의 남신도 초대되었는데, 술에 잔뜩 취해 집으로 돌아가던 길에 그만 파티장 입구에서 잠이 들고 만다.

한편 파티에 초대받지 못한 가난의 여신 페니아는 파티장 주변을 맴돌다 눈부시게 잘생긴 포로스를 발견하고 한눈에 반하게 된다. 그렇게 둘 사이에서 태어난 것이 바로 에로스다. 아버지는 풍요의 신이지만, 가난한 어머니를 두고 있는 것이다. 따라서 에로스가 상징하는 것은, 사랑은 너무나 아름답지만 '영원히 채워지지 않는 부족함'이라는 것이다.

소크라테스는 사랑이 처음에 완전한 형태였다고 주장한다. 하지만 제우스 신이 이를 시기해 모든 하트를 각기 다른 모양으로 쪼개 온 세상에 흩뿌려 놓았다. 그 이후 모든 사람은 세상 어딘가에 있을 자신의 반쪽을 찾기 위해 끊임없이 방황하는 존재가 됐다. 단순히 하트의 나머지 한쪽을 찾는 것이 아니라, 쪼개진 모양에 맞는 나머지 하트를 찾아야 했다. 단순한 이야기지만 여기에는 사랑에 대한 궁극적인 통찰이 담겨 있다.

사랑을 이루기 위해선 먼저 나에게 꼭 맞는 반쪽, 내 결핍에 꼭 맞는 모양의 반쪽을 찾아야 한다. 즉 사랑은 처음부터 상대가 아닌 지극히 '나' 중심적인 것이다.

우리는 모두 자신의 결핍을 채우기 위해 한평생 사랑을 찾아 헤맨다. 상대의 결핍이 아닌, 나의 결핍을 위해서. 그래서 사랑은 '영원히 채워지지 않는 부족함'이 될 수밖에 없다.

남자 친구, 여자 친구, 남편과 아내에 대한 집착과 서운함, 원망 등은 결국 상대방이 나를 완전하게 채워 주지 못하는 데서 비롯된다. 연애나 신혼 초반에 가득했던 일치감이 사라진 순간, 둘 중 누군가는 이런 이야기를 하게 될 것이다.

　"난 항상 당신한테 뭐든지 맞추려고 노력했는데 당신은 안
그래. 왜 나만 노력해야 돼?"

　상대를 위해 했던 것들이 실은 그대로 돌려받기 위한 노력일
수 있다. 상대가 아닌, 결국 자기 자신을 사랑하기 급급한 사랑은
스스로를 갉아먹는다. 누군가를 사랑하는 것이 나를 사랑하기 위
한 것이며 내가 사랑한 만큼 돌려받기 위한 것이기 때문이다. 즉
나의 결핍을 해결하지 못하면 나도, 상대방도 힘들어지게 된다.
　스무 살에도, 마흔 살에도 여전히 많은 사람이 사랑에 대한 환
상을 갖고 살아간다. 하지만 정작 사랑에 대한 이 신화는 사랑이
갖고 있는 거대한 환상을 깨트리고 있다.
　그렇다면 기적적으로 반쪽을 만나 결혼한 부부가 결핍을 느끼
지 않고 행복을 이어갈 수 있을까? 결혼은 상대가 완벽한 내 반쪽
인 줄 알았다가 아니라는 걸 깨닫게 되는 과정일 수도 있다. 서로에
대한 환상이 벗겨진 중년 부부의 사랑은 이제 다 끝나버린 걸까?

마흔, 사랑을 되새기다

시대가 변하면서 결혼 시기와 가족 형태도 예전과는 많이 달라졌다. 결혼이라는 제도 역시 쇠퇴해 가는 현상을 보이고 있다.

예전에 사십 대라고 하면 아이들과 부부로 이루어진 전형적인 가족의 일원으로 그려졌지만 이제는 많이 다르다. 결혼 연령이 늦어 사십 대에 신혼인 부부도 있고 독신으로 사는 사람도 많으며 돌아온 싱글들도 적지 않다. 그러나 결혼이 부담스러운 사람들에게도 사랑과 연애는 늘 관심의 대상이다.

사랑을 찾고 싶지만 아직 그러지 못한 사람들과, 이미 사랑을 찾아 정착했지만 행복하지 않은 모든 사람에게 이 이야기가 도움이 되었으면 좋겠다.

사십 대가 된 부부가 있다. 서로의 얼굴에 젊음과 싱그러움은 없고 중년의 나이만 지긋하다. 젊을 때 그토록 아끼고 보살폈던 사랑은 어디로 간 것일까?

황홀했던 감정만을 사랑이라고 한다면 그것은 사랑의 일부만 아는 것이다. 그 간지럽고 오글거리는, 달콤한 감정만을 사랑이라고 하는 것은 진정한 사랑에 대한 모욕이다. 진정한 사랑의 단계는 감정에 의존하지 않는다. 황홀하고 에로틱한 사랑에 빠지는 데 힘든 노력은 필요치 않다. 그것은 저절로, 매우 쉽게 일어나기 때문이다. 노력이 필요한 단계는 그다음이다. 그다음부터 감정보다는 의지와 책임이 중요해진다.

사랑을 유지하고 지키기 위해서는 관계를 유지하고 지키기 위한 서로에 대한 마음의 돌봄이 필요하다. 상대를 진정으로 돌보기 위해서는 끊임없이 이해하고 공감하는 배려가 필요하다. 배려하기 위해서는 지혜가 필요하며, 지혜를 발휘할 용기가 필요하다. 그렇게 우리는 사랑하는 사람들을 사랑한다. 지킨다. 서로가 서로의 결핍을 채운다. 사랑받을 자격이 충분한 나이, 가장 사랑하기 좋은 나이는 바로 내가 준비되어 있는 그때다. 결혼 적령기는 큰 의미가 없다.

마흔이 되어도 아직 싱글이라면 결혼한 사람에 대한 부러움과 결혼에 대한 환상이 더 깊어졌을 수도 있고 사랑이 무의미한 것이라고 치부해 버릴 수도 있다. 그리고 상대적으로 혼자인 자신이 외롭고 불행하다고 느낄 수 있다. 결혼을 했든 아직 싱글이든 간에 사랑은 매우 중요한 삶의 본질이다.

사랑은 여러 가지 통로로 들어오며 사랑의 대상 또한 사람일 수도 있고 반려견일 수도 있고 대자연일 수도 있으며 신일 수도 있다. 우리 주위는 온통 사랑으로 가득 차 있다.

단순한 비교 의식으로 의기소침해지지 말기를 바란다. 자신을 사랑하고 주위의 소소한 것들에 대해 사랑의 마음을 가지고 대하는 것, 이 모든 것이 사랑이다. 사랑은 다양한 색채와 형태로 마음을 적시고 있다는 사실을 기억하자. 마흔이 넘었다고 사랑이 끝난 것이 아니다. 어쩌면 이제부터 진정한 사랑의 본질을 찾을 수 있는 나이가 아닐까.

사랑하고 사랑받는 것은 쉬운 일이 아니다. 마흔에도 사랑은 힘든 일이다. 노력 없이 하고 대가 없이 받는 사랑이 가장 쉽다. 상대방의 외모, 재력, 유머 감각 등에 반해 그 황홀한 감정에 자신을 맡기면 그때의 사랑은 저절로 이루어지기 때문이다. 하지만 그 단계를 지나 그 사랑을 지키기로 마음먹은 사람들에게 사랑은 더 이상 쉬운 일만은 아니다. 나와 상대의 결핍을 보고도 외면하지 않으려면 큰 용기가 필요하다. 그래서 사실 소수의 사람들만이 그 사랑을 이룬다.

의존하는 사람, 의존당하는 사람

사랑은 서로에게 쉽게 의존하게 만든다. 서로가 아니면 안 될 것 같다. 그토록 헤매던 짝을 만났으니 잠시도 떨어지고 싶지 않은 것이 당연하다. 그러나 자기 자신에 대한 통제권을 상실할 만큼, 상대가 힘들어할 만큼 의존하는 것은 좋지 않다.

의지는 자신의 일부분을 기대는 것이지만, 의존은 내 존재를 전적으로 떠맡기는 상태를 뜻한다. 건강하지 못한 의존적 사랑은 서로의 자유를 파괴하게 된다. 의존하는 쪽은 죄책감에 시달리고, 의존당하는 사람은 자신을 희생하게 된다. 전자가 후자보다 더 결핍이 심한 사람처럼 보일 수 있지만 사실은 그렇지 않다. 방향은 다르지만, 후자 역시 자신의 결핍을 채우기 위해 자신의 에너지와 감정을 소모하는 것이다. 그 역시 자유를 억압하는 것이다.

아무리 상대가 좋은 배우자라도 당신이 원하는 만큼의 사랑을 영원히 퍼부어 줄 수는 없다. 그렇다고 그것이 그들이 당신을 '덜' 사랑한다는 증거 또한 될 수 없다. 스스로 자신을 사랑해 주어야 하는 양이 있는데 충분하지 않다는 것, 자신이 연약하고 결핍이 있는 사람이라는 걸 깨달아야 한다. 다시 한 번 말하지만 그것은 고통스러운 일이다.

문제는 결핍이다. 마음의 결핍은 나이가 든다고 해서 희미해지거나 사라지지 않는다. 사십여 년간 누구도 채워 줄 수 없었던, 자신조차 돌봐주지 못한 결핍이 무엇인지 들여다봐야 한다.

결핍이 생기면 사람은 뭔지 모를 공허감에 사로잡히게 된다.

자신에게 결핍이 있는지 알고 싶다면, 자신의 내면에 소리 없이 피어오르는 공허감, 외로움, 슬픔, 무기력감 등을 체크해 보면 된다. 그래도 해결되지 않으면 계속 짜증이 나고 사소한 일에도 부정적인 정서가 민감하게 일어나 쉽게 화를 내게 된다.

'욱하는 모습'이 계속된다면 마음의 결핍이 매우 깊다는 뜻이다. 마흔에는 이 결핍을 인식하고 채워 나가야 하지 않겠는가. 지금까지는 사느라 정신없이 분주했다면 이제라도 결핍을 점검하고 해결해야 이후의 삶을 행복하게 살아갈 수 있다.

그 과정은 쌓아 둔 세월의 무게만큼 가볍지 않을 것이다. 쉽지 않을 것이다. 누군가 직접적으로 내게 해를 끼치지 않더라도, 살아 있는 한 삶은 그 자체가 고단하고 힘들다. 누구에게나 긴 인생을 펼쳐 놓고 볼 때 꽃길보다는 가시밭길이 훨씬 길 것이다.

하지만 생애 내내 고통과 고단함이 있을지라도 그 고통이 삶을 더욱 빛나게 한다는 사실은 참으로 역설적이다. 그 고통은 적어도 내가 제대로 살아 보려고 노력하고 있다는 증거다. 바로 그때 고통은 내가 버틸 수 있는 힘이 되고 고귀한 것이 된다. 비록 내가 아직 완성되지 않았더라도 말이다.

그럼에도 불구하고, 우리는 사랑받을 자격이 있다 🌿

　마흔 살의 E 씨는 삼십 대 중반에 결혼 적령기가 넘자 가족들과 일가친척들의 성화에 못 이겨 대충 조건이 맞는 사람과 쫓기듯 결혼식을 올렸다. 애정 없는 결혼으로 외로워진 그녀는 요리를 배우는 등 남편에게 사랑받기 위해 나름대로 노력했지만 나아지지 않았다. 우울증이 심해진 건 딸을 낳고 나서였다. 깊은 우울 속에 있는 것도 힘들었지만 그러는 동안 어린 딸을 방치했다는 자책감이 함께 몰려들었다.

　그런데 변화가 나타나기 시작한 건 마음속에 오랫동안 방치되어 있던 슬프고 부정적인 감정을 말로 풀어내며 자신의 힘든 감정과 상황을 있는 그대로 수용하면서부터였다. 너무 잘하려는 마음을 내려놓고 할 수 있는 것부터 하자는 생각을 하면서 점점 가벼워졌다고 말했다. 실제로 표정도 변했다. 자신이 원하는 사랑만큼 받으려는 욕구도 살펴보게 되었다. 늘 충분하지 않다는 느낌을 비우게 되면서 행복감이 커져 갔다.

　남편이나 아이를 위하고 보살피는 것도 돌려받기 위해서가 아니라 자연스럽게 우러나는 감정만큼 하게 되자 강박적으로 노력하던 것도 멈추게 되었고 편안해졌다.

B 씨는 어린 시절 아들만 위하는 엄마로부터 늘 차별받으며 자랐다. 그녀의 마음엔 자신은 너무 못나서 누구도 좋아해 주지 않을 거라는 믿음이 강하게 자리 잡았다. 이후 남자가 다가와도 매번 밀어냈고 마흔이 넘은 지금까지도 결혼 생각이 없다.

차별받은 상처는 생각보다 치명적이다. 엄마가 각인한 인지 오류는 정말 끈질기게 그녀를 괴롭혔다. 자신의 존재 가치는 누가 정해 주는 것이 아니라는 사실을 깨닫기까지 많은 시간이 걸렸다. 차별의 상처는 그만큼 심각한 트라우마가 되기 때문이다.

그녀는 엄마의 차별적인 메시지가 잘못된 것이라는 사실을 인식하기 위해 자신이 상처 받은 에피소드들을 상담실에서 수백 번 이야기하고 또 이야기했다. 그리고 슬퍼했고 아파했다. 상담자인 나는 꽤 긴 시간 동안 그녀의 이야기를 들으며 공감해 주었고 그녀는 차별의 상처를 점점 걷어 내게 되었다. 그러자 고유의 자기 자신이 오롯이 남았다.

낮은 자존감이 회복되자 남자를 밀어내는 문제도 해결되었고 지금은 신나게 연애를 하고 있다.

S 씨는 이십 대 때부터 늘 똑같은 패턴의 연애를 했다. 남자와 사귀게 되면 곧바로 엄청나게 집착하며 그를 옭아맸다. 한 시간 단위로 남자 친구의 위치를 체크했고 그가 뭘 하고 있는지 알아야

직성이 풀렸다. 지긋지긋해진 남자가 그녀를 버리는 걸로 연애는 늘 끝이 났다. 그녀는 자신의 집착이 애정 결핍에서 비롯됐다는 걸 알았지만 그저 아는 것만으로는 쉽게 달라지기 어려웠다.

애정 결핍의 문제는 모든 사람이 겪는 애착 장애에서 비롯된다. 세상에 완벽한 엄마는 없다. 그래서 어느 정도의 애착 문제를 모든 사람이 겪는다. 아주 심한 경우에는 사람에 대한 집착이 스토커 수준으로 나타나게 된다. 지금 내 옆에 있는 이 사람이 나를 떠나게 될까 봐 극도로 불안하기 때문에 무섭게 집착하게 되는 것이다.

집착하면 결국 그 사람을 더 빨리 떠나게 만드는데도 멈추지 못한다. 집착하고 버림받는 악순환의 구조를 끊기 위해서는 사투를 벌이듯 마음을 치유해야 한다.

S 씨 역시 수없이 눈물을 흘리며 힘겨운 치유의 시간을 거쳤다. 상처를 치유하며 내면에 힘이 생겼고 자기 자신을 받아들이고 상대에게 집착하지 않게 되었다.

누군가를 만나 결혼하는 것이 곧 행복은 아니다. 반드시 그런 것도, 그래야 하는 것도 아니다. 행복한 결혼에 앞서, 사랑을 찾기 전에 선행되어야 할 것은 먼저 자기 자신을 찾는 일이다. 과거의 일로 힘들고 마음이 무너진 사람이 있다면 현재 자기 자신이 형편 없는 인간으로 보일 것이다. 그런 상태로 누군가를 만난다면 자신은 물론 상대방까지 비참한 불행에 빠트릴 수 있다.

내가 나를 파괴하고 상대방을 고통에 빠트리는 것은 사랑이 아니다.

"널 사랑하지 않는다면 지금 내가 왜 이러겠어? 나한테는 너뿐이야."

사랑하는 데 일 퍼센트의 집착도 하지 않기란 힘든 일이다. 사랑하고 의지하다 보면 그 사람 없이는 살 수 없을 것 같은 감정이 생기기 마련이다. 하지만 상대방이 주는 사랑에 비해 내가 가진 결핍이 너무나 크다면, 그 결핍을 위해 상대방의 감정과 에너지를 쥐어짜는 관계로 전락하기 쉽다.

만약 남자 친구나 여자 친구, 남편이나 아내가 나로 인해 힘들어한다면, 내가 나를 위해 오히려 사랑하는 사람을 이용하고 있지는 않은지 살펴보아야 한다.

우선 당신의 상처로부터 자유로워지는 것이 먼저다. 그렇게 되면 결핍에서 놓여나고, 전에는 그토록 원했던 타인의 사랑에 그리 집착하지 않게 될 것이다. 설사 주변에 아무도 없더라도, 스스로 사랑받을 자격이 충분한 사람임을 저절로 알게 될 것이다.

여기서 이야기한 세 명의 여성이 멀고 먼 치유의 여정을 용기 있게 걸어왔듯이 당신도 그럴 수 있다.

내가 나를 사랑한다는 것

깨어짐과 균형을 통해 사랑은 내면을 성숙하게 한다. 성경 「고린도전서」 13장에는 진정한 사랑의 이야기가 나온다. '성숙한 내면의 사랑은 오래 참을 수 있고, 온유하며 질투하지 않는 것이다. 나의 열등감 때문에 자랑하거나 교만하지 않으며 무례히 굴지 않는다. 결핍을 채우기 위해 자신의 유익을 구하지 않으며 악한 것을 생각지 않는다. 건강한 내면의 사랑은 모든 것을 참고 믿으며 바라고 견디는 것이다. 사랑은 진정한 친절이다. 배려다.'

이 말을 반대로 적용해 보면 이렇다. 성숙하지 못하면 오래 참을 수 없다. 날이 서 있고 짜증을 잘 내며 거만하다. 또한 무례하다. 자신의 유익을 위해 상대의 마음을 악하게 이용한다. 조금도 참지 못하고 믿지 못하며 바라지 않으며 견딜 수 없다.

이 사랑은 단지 남녀 관계뿐 아니라 모든 관계에 적용된다. 그리고 모든 관계에서 가장 중요한 건 나 자신과의 관계다. 쉽게 짜증이 나고 화가 난다면 자신을 돌아보아야 한다. 즉 제대로 사랑을 하기 위해선 상대방의 단점을 뜯어고치기 전에 자신을 돌아봐야 한다. 깊이 관심을 갖고 나를 먼저 채워야 한다. 그렇게 되면 저절로 사랑을 많이 베풀어 줄 수 있을 것이다.

남을 사랑하기 위해서는 자기 자신을 먼저 사랑해야 한다. 자신도 사랑하지 못하는데 남을 사랑한다는 것은 가식이다. 자신의 못난 부분도 수용해 줄 줄 알아야 한다. 자신의 좋은 면도 정확하게 인식하고 나쁜 면도 용납해야 발전이 있다. 자신에게 가혹한 기준을 세우면 타인에 대해서도 가혹한 기준이 생기기 때문에 상대방의 잘못을 잘 받아들이지 못하는 것이다.

내가 나를 사랑하는 것은 자신이 완벽해서가 아니다. 늘 누군가와 비교해서 남몰래 자기 자신을 지질하게 여긴다면, 상대방의 지질함을 못 견디게 되고 계속 짜증이 날 것이다. 그러므로 누군가를 사랑하기 전에 자기 자신을 먼저 사랑해야 하는 것이다.

나는 나로서 괜찮다

완벽해지려고 노력하지 말자. 지금의 자기 모습을 있는 그대로 수용하고 용납해 줘야 그다음 단계로 나아갈 수 있다. 결핍이 심하거나 자존감이 낮을수록 한 계단씩 성숙해지는 것을 못 참는다.

그런 사람들은 도달할 수 없는 높은 곳으로 순식간에 다다르기를 원한다. 현실적으로 이루어지지 않을 높은 이상향을 원하면 원할수록 좌절감은 커지고 자기 자신을 못났다고 인식하게 된다.

다른 사람이 자신을 못났다고 욕할까 봐 스스로 먼저 자기 자신을 비하하고 못났다고 생각한다. 그러면 그럴수록 더욱 자신을 못나게 인식하고 자기 비하의 마음은 자기 학대로 이어지기도 한다.

"나는 나로서 괜찮아."

스스로에게 이렇게 말해 보자. 지금의 나를 받아들이기가 몹시 힘들 수도 있다. 잘나가는 사람들이 수도 없이 많은 것 같아 비참하고 작아지는 기분을 시도 때도 없이 느낄 수도 있다. 그러나 지금의 자신은 마흔 해가 넘도록 스스로 지탱하며 견뎌 온 대견한 자신인 것이다.

지금의 나를 받아들이면 그때서야 비로소 성장을 경험하게 된다. 상담실에서 힘든 치유의 시간을 이겨 낸 내담자들은 어느 순간 그토록 싫어하고 밀어내던 자기 자신을 소중하게 받아들인다. 그리고 스스로를 사랑하게 된다. 기적 같은 현실이 일어나면 그때부터 정체되어 있던 자아의 성장이 빠른 속도로 일어나는 것을 보게 된다.

지금 그 모습 그대로 괜찮다. 정말 괜찮다. 그렇게 스스로를 인정해 주자.

서로 치유자가 되어 주기

연인들이 온전한 사랑을 하기 위해선 서로가 각자 노력해야 한다. 하지만 상대방이 전혀 변할 기미가 없다면 놓아줄 수도 있어야 한다. 한 사람의 노력만으로는 그 사람을 완전히 변화시키기 어렵기 때문이다.

그러나 마지막 포기의 순간까지 사랑하는 두 사람은 서로의 치유자가 되어 주어야 한다. 그전까지 알지 못했던 사람이 세상에서 가장 친밀한 관계가 된 기적 같은 기회를 소중히 여기며 서로를 돌봐 주고 아껴 주어야 한다. 서로의 결핍에 대해 솔직히 말하고 공감하며 성숙한 사랑을 이뤄 내야 한다.

연인이나 부부는 각자 치유자를 얻은 축복이 임한 사람들이다. 이 사실을 기억하고 보듬어 주는 시간을 통하여 자신도 치유하고 상대방도 치유하게 된다.

어떤 독자들은 이런 조언을 촌스럽고 구시대적인 것으로 받아들일 수도 있다. 다양한 문화와 가치관 속에 사는 세상에서 다양한 연애 방식과 결혼 생활은 각기 존중받을 필요가 있다. 하지만 사랑과 자유 등 내면의 가치를 추구하는 데 필요한 진실은, 시간과 유행에 따라 변하지 않는다. 이 혼란스러운 시대에 제대로 살기 위해 우리는 어쩌면 촌스러워져야 한다. 촌스럽더라도 치유되어 행복할 수만 있다면.

각자 치유해야 할 것이 있는 남편과 아내가 상담실에 와서 이렇게 말했다.

"남편은 늘 화를 내요. 짜증도 많고 자기 맘에 안 들면 화부터 내요. 어딜 나갔다 올 때 싸우지 않고 온 적이 없어요… 애들도 똑같이 따라 해요. 짜증 내고 화내고… 미치겠어요."

"와이프는 애들한테 왜 저리 화를 내는지 모르겠어요. 툭하면 손찌검하고 저한테도 어떨 땐 미친듯이 달려들어요. 쌈닭같이… 점점 더 심해지는 것 같네요."

나이가 아무리 들어도 심리적 나이가 어린아이인 사람들이 있는 것처럼, 나이가 많이 들고 결혼한 지 아무리 오래되어도 미성숙한 모습 때문에 서로 계속해서 상처를 주고받는 부부들이 있다. 자신이 원하는 욕구가 채워지지 않으면 어린아이처럼 배우자에게 화를 내거나 짜증을 낸다. 이것은 결혼을 하게 된 무의식적인 동기와 밀접한 관련이 있다.

어떤 이성을 만나 사랑에 빠지고 결혼을 결심하게 될 때 자신도 알지 못하는 무의식적인 동기가 있기 마련이다. 누군가를 만나 사랑을 시작할 때, 상대방이 자신의 어린 시절 상처를 치유해 줄 대상 혹은 결핍을 채워 줄 대상일 것이라는 무의식적 기대를 하게 된다. 의식의 차원에서는 거의 알아차리지 못하지만, 무의식적으로 상대에게 자신의 미해결된 상처와 결핍을 모두 해결해 줄 수 있는 초인적인 능력이 있을 것이라는 막연한 기대와 환상을 가지게 된다. 이 무의식적 기대와 욕구가 사실은 결혼 생활의 불행을 가져다주는 원흉일지도 모른다는 생각이 든다.

그러나 서로가 이 무의식적 기대를 조금씩 조금씩 채워 주려는 노력을 의식적으로 이룬다면 두 사람은 자신의 치유를 이루고 성장하게 된다. 이런 두 사람의 만남은 신의 선물이자 축복이 될 것이다.

먼저 이 무의식적 기대와 욕구에 대해 알 필요가 있다. 이것은 결혼과 더불어 상대방에게 끊임없이 무언가를 갈구하거나 강요하는 형태로 나타나게 된다. 이것이 때로는 힘겨루기의 형태를 띠기도 하지만, 결국 상대방이 자신의 욕구를 모두 채워 줄 수 있는 사람이 아님을 깨달을 때마다 좌절감이 쌓이게 되고 그 좌절감이 상대방에 대한 분노로 나타나게 된다. 그래서 배우자가 조금만 잘못하거나 실수를 해도 필요 이상의 분노가 솟구쳐 오르는 것이다.

배우자에게 향하던 분노에도 불구하고 상황이 나아지지 않거나 절망감에 빠지게 되면 배우자에 대한 기대를 접는 대신에 자녀에게 분노가 투사된다. 이런 식으로 자녀들이 또다시 상처의 대물림을 받아 또 다른 결핍 속에서 자라게 된다.

조그만 일에도 짜증과 분노를 잘 내고, 매사가 자기중심적인 사람 둘이 만나면 이러한 양상은 더욱 심해진다. 모든 불행과 문제의 원인을 상대방의 탓으로만 돌리기 때문이다. 이러한 미성숙의 상태는 부부를 온전하게 하나가 되지 못하게 만들고 더 나아가 가정의 근원적 불행으로 고착된다.

행복한 결혼을 위한 가정의 치유가 지금 시작되지 않고 시간이 오래 지나 버리면, 더 이상 해결하고 싶지 않은 상태가 되기도 한다. 부부 각자가 성숙한 모습이 되기 위해서는 어린 시절부터 경험해 온 상처가 무엇인지 그 상처가 어떻게 내면에서 작용하고 있는지에 대한 깊은 통찰과 치유가 필요하며 서로의 아픔을 알고 이해해 주려는 노력이 무엇보다 필요하다. 서로 아픔을 들어 주고 보듬어 준다면 생각보다 빨리 치유가 일어나고 세상에 둘도 없는 소중한 사람으로 서로를 인식하게 된다.

가정은 부부의 치유와 성숙의 정도에 따라 행복하거나 불행한 곳이 된다. 부모의 관계가 불행하다면 자녀 역시 불행해진다.

이 세상에 넘쳐나는 불행을 끝낼 수 있는 지름길은 각자의 미성숙한 자아를 치유를 통해 성장시켜서 성숙한 모습으로 변화하는 것이다. 일곱 살 때의 상처를 방치하면 영원히 나이 먹지 못한 채 일곱 살의 심리 상태로 살게 된다는 점을 기억해야 한다. 일곱 살의 투정과 일곱 살의 짜증과 일곱 살의 유치한 언행을 버리지 못하고 상대방을 괴롭히게 된다. 내면의 어린아이의 상처를 치유해 주고 돌봄과 사랑으로 채워 주면 놀랍도록 빨리 자란다. 그리고 어른이 된다. 그렇게 어른이 된 부부가 행복하고 건강한 가정을 만들 수 있다.

그래서 서로 치유자가 되어 주는 연인, 부부가 세상에서 가장 빛나는 사람들이다.

'이렇게 외로울 바엔 차라리 혼자가 낫겠어!'라는 생각에 이르면 결혼 관계는 위기 상황에 처하는 것이다. 각자의 외로움이 깊어지면 상대방의 외로움이 보이지 않고 원망만 커진다.

지금 사랑하고 있는 사람들이나 이제 막 사랑을 시작한 사람들 모두 서로를 따뜻한 사랑의 시선으로 끝까지 보듬어 주길 바란다. 그리하여 인생의 한겨울이 지나고, 비도 그치고, 꽃 피는 봄길이 계속되도록 끝없이 노력해 주길 바란다.

성경의 「아가서」에는 서로 사랑하는 사람들의 극치의 표현이 담겨 있다. 당신도 연인에게 이렇게 말해 주자. 아무리 힘들어도 '함께 가자'고.

> 아, 사랑하는 이가 나에게 속삭이네. 나의 사랑 그대, 일어나 오. 나의 어여쁜 그대, 어서 나오오. 겨울은 지나고, 비도 그치고, 비구름도 걷혔소. 꽃 피고 새들 노래하는 계절이 이 땅에 돌아왔소. 비둘기 우는 소리, 우리 땅에 들리오. 무화과나무에는 푸른 무화과가 열려 있고, 포도나무에는 활짝 핀 꽃이 향기를 내뿜고 있소. 일어나 나오오. 사랑하는 임이여! 나의 귀여운 그대, 어서 나오오.   — 「아가서」 2장 10절~13절

세 가지 사랑 이야기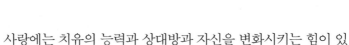

사랑에는 치유의 능력과 상대방과 자신을 변화시키는 힘이 있다. 사랑을 정확히 모르면서 사랑한다고 쉽게 말하면 안 된다.

그리스어에는 사랑을 뜻하는 세 가지 단어가 있다. '에로스', '아가페', '필리아', 이 세 가지 단어는 똑같이 '사랑'으로 번역할 수 있지만 각각의 속뜻은 매우 놀랍다.

'에로스Eros'는 연인 간의 불꽃같은 사랑을 의미한다. 에로스의 사랑은 끝나는 지점이 있다. 이때 아가페와 필리아의 사랑으로 넘어가야 성숙한 사랑을 이루게 되는데 에로스에서 끝나 버리는 사람이 매우 많다. 그래서 흔히 결혼은 연애의 무덤이라는 말이 생겼다. 결코 그렇지 않다. 에로스로 시작된 사랑은 다음 사랑으로 나아가는 시작점이다. 이 첫 계단이 없이는 다음 계단으로 나아가지 못한다. 그리고 이 단계에서 서로를 간절히 원하며 함께 있고 싶어하고 서로를 닮은 이세를 낳게 되어 이 세상은 끝나지 않고 지금 세대에서 다음 세대로 이어지게 되는 것이다.

아가페Agape는 거룩하고 조건 없는 사랑, 신의 사랑, 혹은 어머니의 사랑을 뜻하는 말이다. 신약성경에서는 예수를 통해 나타난 인간에 대한 신의 사랑을 의미하는 말로 사용되었다.

끝없이 희생하고 헌신하는 아가페 사랑은 이성 간의 에로스를 뛰어넘는 최고의 사랑이다. 아가페 사랑은 이기적이지 않으며 오직 상대방에게 헌신하는 것에 초점이 맞추어져 있다. 무조건적으로 상대방을 존중하고 돌봐 주며 용서하고 베푸는 사랑이기 때문에 매우 치유적이다.

연인이나 부부가 서로 아가페 사랑을 나누게 되면 오래전의 지독한 상처라도 쉽게 낫게 된다. 아무리 심한 결핍도 채워지며 점점 더 이타적인 사랑을 할 수 있는 사람으로 성장하게 된다.

필리아Philia는 친구 간의 우정 같은 사랑을 의미한다. 요즘은 진정한 우정을 나누는 친구 관계가 드물어지고 이해타산적인 감정이 예전의 순수한 우정을 방해한다고 한다. 진정한 우정은 '친구를 위해 목숨을 바치는 예수의 마음'과도 같은 우정을 말한다. 이런 친구가 한 명이라도 있다면 우리 인생은 밝고 행복할 것이다. 부부 간에 필리아의 사랑은 꼭 필요하다. 이해타산에 얽매이지 않고 모든 것을 나누며 어떤 상황에서도 함께하는 관계가 되어야 하기 때문이다.

남녀 간의 사랑을 말할 때 대부분 에로스만 생각하지만 그다음 단계의 사랑을 향해 나아가며 사랑은 점점 더 완성되는 것이다. 에로스를 거쳐 성숙해진 이후 순서대로 아가페가 나타나는 것이 아니다.

때로는 성숙한 사람의 사랑이, 에로스보다 아가페로 먼저 다가가 상대방의 얼어붙은 마음을 녹이고 사랑의 완성을 이룰 수 있다는 사실을 치유의 현장에서 놀랍게 지켜보게 된다. 그런 후 에로스를 경험하고 더 나이를 먹으며 필리아도 경험하게 된다.

내 사랑은 어디쯤 와 있는지 돌아보기

지금 에로스 단계라면 왜 그렇게 느끼는가?

이 단계에서 상대에게 느끼는 감정을 자세히 표현해 보자.

만일 결혼한 지 오래되었는데도 에로스에서 한 발짝도 나아가지 못했다면 무슨 문제가 있는지 생각해 보자. 그리고 에로스에서 사랑이 끝나 버리지는 않았는지 성찰해 보자.

지금 아가페 단계라면 왜 그렇게 느끼는가?

현재 상대에게 느끼는 감정을 자세히 표현해 보자.

지금 필리아 단계라면 왜 그렇게 느끼는가?

현재 상대에게 느끼는 감정을 자세히 표현해 보자.

아직 세 가지 사랑의 단계를 이루지 못하고 미숙한 모습을 보인다고 느낀다면 그 이유가 무엇인지 적어 보자.

또 결혼이 연애의 무덤이라는 생각을 버리지 못하고 무덤덤한 관계를 지속하고 있다면 어떤 노력이 필요한지 생각해 보자.

연애편지 다시 쓰기

　세상에서 가장 소중한 상대방에 대한 사랑을 다시 회복하기 위하여, 처음 사랑에 빠졌던 그때의 마음을 기억하며 다시 한 번 연애편지를 써서 상대방에게 전해 주는 건 어떨까.

4장

마흔, 내 주변을
돌아보는 나이

'그동안 나는 나의 부모님, 아이들, 형제, 친구들에게
좋은 사람이었나. 정말 그들이 필요할 때 귀 기울여 주고
마음을 주었는가.' 노력이 조금 부족했다면
그걸 깨닫게 된 지금은 당신이 나설 차례다.
당신에게 소중한 그들 역시, 당신이 필요할 것이다.

내가 보지 못했던 것들이 비로소 보이는 나이

마흔의 나이에 서면 그동안 보지 못했던 것들이 보인다. 어느새 기력이 많이 쇠한 부모님의 모습을 보면 마음 한편 쓸쓸함이 느껴지기도 한다.

'내 나이 때 부모님은 어떤 모습이었을까.' 아마 그분들도 모든 걸 완벽하게 이루진 못했을 거고 당신처럼 불안하고 흔들렸을 것이다. 말이 마흔이지, 그리 늙은 나이가 아니라는 걸 그 시간이 지나서야 부모님도 알게 되었을 것이다.

지혜가 깊어지면 고독도 깊어지는 걸까. 아이들도 부모 곁에서 떨어져 친구들과 자신들만의 세계를 이룬다. 나이 들면서 멀어지는 것들에 대해 이해하게 되면 홀로 남겨지는 듯한 외로움이 깊어지진 않는가. 그런 마음을 나눌 형제나 친구가 있다면 좋겠지만 온전히 당신의 마음을 이해해 줄 수 있는 사람은 그리 많지 않을 것이다. 그래서 결국 마흔은 홀로 서는 나이인 것이다.

'그동안 나는 나의 부모님, 아이들, 형제, 친구들에게 좋은 사람이었나. 정말 그들이 필요할 때 귀 기울여 주고 마음을 주었는가.' 노력이 조금 부족했다면 그걸 깨닫게 된 지금은 당신이 나설 차례다. 당신에게 소중한 그들 역시, 당신이 필요할 것이다.

그동안 보지 못했던 것들이 보이면 성숙을 이루고 있는 중이다. 그 시간들이 이루어지는 것도 마흔을 잘 살아 낸 증거다.

'그래, 너도 이제 많이 컸구나'

마흔의 부모는 자신이 마흔 살이 되는 동안 정신없이 살았을 것이다. 그 시간 동안 아이들도 자랐다. 어쩌면 자신의 분주함 속에 아이들이 방치되어 있었을 수도 있다. 그러면 안 되는 것이었지만, 지금이라도 아이들을 돌아보아야 한다.

어른들이 힘든 세상이라면 아이들은 더욱 힘들 것이다. 자신의 어린 시절만을 고루하게 기억하며 현재 아이들 세대의 고통을 간과하지 말아야 한다. 세대 차이 속에서 사람은 늘 자신의 입장에서 세상과 타인을 이해하고 받아들인다. 특히 부모는 자녀를 자신의 해석 안에서만 이해한다.

지나간 사진첩을 펴고 함께 들여다보며 아이들이 자라는 동안 소중하게 머무른 시간을 이야기하는 것도 좋을 것 같다. 그들의 시간 속에 머물지 못해 안타깝고 미안하다면 솔직히 미안하다고 표현하면 좋겠다. 아이들도 이해해 줄 것이다. 엄마, 아빠가 얼마나 치열하게 살았고 고단했는지도 알아줄 것이다.

그러니 대화의 시간을 가지고 소통 속에서 서로를 이해하고 공감하는 시간을 가져야 한다. 미처 충분히 돌보지 못했는데도 이만큼 성큼 자라 준 것에 대해 고마움도 표현해야 한다. 그리고 함께하지 못하는 시간 속에서도 얼마나 자녀들을 사랑하고 있는지도 자세하게 표현해 주어야 한다.

그 표현의 시간이 부족하고 결핍된 시간을 채워 줄 것이다.

속마음을 이야기할 수 있는 친구

마흔이 넘으면 친구 관계가 더욱 소중해진다. 어릴 때부터의 친구도 좋지만 나이 들어서 만나게 된 친구들은 또 다른 중요한 의미를 갖게 된다. 관심사가 같거나 같은 분야에서 일하는 친구들과의 대화는 스트레스를 해소하고 용기와 격려를 주는 좋은 만

남으로 계속 이어진다.

나이 들수록 친구가 필요하다. 그리고 소중하다. 나이 듦으로 생기는 외로움과 고독은 친구들과의 소통 속에서 치유될 수 있다. 독불장군처럼 혼자 살아간다면 고독이 병이 된다.

마음속 깊은 이야기를 나눌 수 있는 친구가 이 시기에는 더욱 필요한 이유가 그것이다. 마흔을 지나올 때까지 얼마나 외로운 가시밭길을 걸어왔던가. 가시에 찔린 발을 쉬며 치유하는 시간 속에 친구가 있으면 좋다. 자신의 아집과 고집을 내려놓고 따뜻한 마음으로 품어 줄 수 있는 마음 자세를 가지고 있으면 자신도 친구도 함께 치유된다.

"마흔이 넘어서야 친구의 소중함을 알게 되었어요. 그전엔 뭐든 혼자 하는 게 편했거든요. 사람 사는 얘기 편하게 나눌 수 있는 친구가 있다는 게 행복이라는 걸 느껴요. 아직 애가 어려서 애 치다꺼리 하다 보면 너무 지쳐요. 그래서 더 절실해요."

살아가면서 사소한 문제들은 계속해서 생기기 마련이다. 그런 사소한 문제들을 풀어내지 않고 속에 쟁여 놓으면 큰 문제가 된다. 그래서 마음 터놓을 수 있는 친구들에게 자신의 이야기를 계속해서 풀어놓으면 심리적 건강을 잘 유지할 수 있다.

마흔의 시기에는 더욱 그렇다. 결혼한 경우라면 부부가 서로에게 깊은 친밀감을 가진 친구가 되어 주어야 한다. 그러면 대부분의 문제는 저절로 풀릴 것이다. 결혼하지 않았다면 친구가 있어야 한다. 지금까지 바쁘게 사느라고 어릴 적 친구를 다 잃었다면 지금부터 사귀면 된다.

동호회나 같은 취미를 공유할 수 있는 그룹에서 자신과 비슷한 성향의 사람에게 먼저 다가가 자신의 마음을 열면 된다. 물론 사람을 꿰뚫어 볼 수 있는 능력이 우리에겐 없기 때문에 시행착오를 거치기도 한다. 좋은 사람인 줄 알았는데 이용하려고 접근한 사람이거나 믿었던 사람에게 사기를 당하는 경우도 있기 때문이다.

그러나 그런 일을 당했다고 세상 모든 사람이 그럴 것이라고 일반화하며 두려워서 사람을 피하면 안 된다. 나쁜 사람은 백 명 중 한 명일 뿐이다. 그 나쁜 행위가 너무 크게 다가와 세상에 나쁜 사람이 훨씬 많다고 느껴지는 것뿐이다. 세상에는 좋은 사람이 훨씬 많다.

누군가 먼저 다가와 나를 친구 삼아 주길 바라고만 있으면 친구가 생길 확률은 매우 작다. 먼저 다가가자.

형제, 자매라는 평생 친구를 가진 사람들도 있다. 아무리 멀리 떨어져 살아도 내가 궂은일을 당하거나 힘들어지면 한달음에 달려오는 것도 혈육의 정을 가진 형제, 자매들이지 않은가. 분주해도 마흔이 넘으면 형제나 자매를 기억하고 자주 전화하고 일정한 만남의 기회를 가질 수 있으면 좋겠다.

어릴 때부터 자라는 동안 나를 객관적으로 가장 많이 알고 이해해 온 사람들이 형제, 자매가 아닌가. 시간은 내면 된다. 시간을 내는 것도 의지이며 정성이다.

어린 시절에 서로 비교당하는 상처를 받았을 수도 있다. 형만한 아우 없다며 무시당했던 경험이 있을 수도 있다. 대부분의 형제나 자매는 싸우다 친해졌다 하면서 자란다. 그때는 다 어렸다. 성숙한 마음으로 배려하기는 힘들었다.

그러므로 형제나 자매의 잘못과 실수를 관대하게 생각하고 서로 용서해 주면 좋겠다. 언니, 오빠, 누나 역시 그때는 어렸고 미숙했기 때문이다. 그때의 앙금을 아직도 가지고 있으면 자신에게도 해롭다.

치유는 아픔을 서로 나눌 때 일어난다. 케케묵은 옛날이야기라고 치부하지 말고 어제 일처럼 서로 이야기를 나누자. 그리고 그때의 힘들었던 마음을 서로 들어주고 받아 주자. 그러면 관계는 다시 회복되고 혈육의 정은 깊어질 것이다.

여자들의 사소한 시기심이 힘들어

"저는 여자들만 있는 곳에 가면 머리가 지끈거려요. 여자들이 풍기는 크고 작은 시기심은 에너지를 고갈시켜요. 그래서 저는 남자들과 얘기하는 게 훨씬 편해요."

의외로 많은 여성에게 이런 말을 듣는다. 여자의 적이 여자라는 말을 믿어야 한단 말인가. 시기심은 낮은 자존감 때문에 생긴다. 자존감이 낮은 여성들은 다른 여성이 자신보다 훨씬 예쁘거나 자신이 가진 것보다 더 비싼 가방을 들고 있기만 해도 저절로 시기심이 발동한다.

자존감이 낮은 여성만 시기심이 많은 것은 아니다. 남성도 마찬가지다. 그래서 누군가와 비교하며 시기심이 지나치게 생긴다면 자신의 자존감을 점검해 봐야 한다. 여성이나 남성이나 시기심과 질투심이 많은 것은 자존감이 낮고 열등감이 높기 때문이다. 남성의 질투심이 여성보다 더 심하다고 알려진 것도 상처받은 경험이 많고 인정받은 경험이 적어서 자존감이 낮아졌기 때문이다. 여성이나 남성이나 자존감이 높고 건강한 마음을 가진 사람은 타인과 비교해서 자신을 열등하게 생각하지 않는다. 아울러 시기심도 없다.

그러나 자존감이 낮으면 자신보다 더 능력 있게 사는 멋진 사람을 보면 저절로 자신의 처지와 비교하면서 시기심이 자신도 모르게 분출되는 것이다. 자신은 모를 수 있지만 상대방은 눈치챈다. 온몸에서 시기심이 뿜어져 나오기 때문에 모를 수 없다.

이런 경우에 나는 시기심을 보이는 상대방의 장점을 찾아 진심 어린 칭찬을 해 주라고 조언한다. 기분 나쁜 태도를 보이면 상대방의 시기심은 더욱 치솟기 때문에 관계가 깨질 수 있다. 누구나 장점이 있고 단점이 있다.

시기심이 무의식적으로 나오는 것을 깨달아야 하고 그 시기심이 흐를 때 관계는 진전되지 않고 멈춘다는 사실을 알아야 한다.

어릴 때부터 자존감이 추락하고 늘 자신감이 결여된 채 살았다면, 자신의 장점은 숨어 버리고 어두운 면만 부각되어 자신에게 매력적인 모습이 전혀 없다고 느낄 것이다. 그러나 누구에게나 매력적인 면이 있다. 그것을 드러내지 못했을 뿐이다.

스스로 아무 매력이 없다고 굳게 믿는 당신에게도 매력이 있다. 그것이 무엇인지 찾아내는 것은 당신 몫이다. 그 매력을 찾아 자신감을 회복한다면, 자신보다 더 매력 넘치는 여성이 곁에 있어도 무의식적인 시기심을 피워 올리지는 않을 것이다. 시기심없이 상대를 진심으로 칭찬해 주고 받아들여 주게 된다. 그런 여성에게 우리는 더욱 매력을 느낀다.

'여자는 다 시기심이 쩐다' 같은 공식은 없다. 모든 여자가 그렇지 않다는 점을 알기 바란다. 그런 편견이 뿌리 깊게 박혀 있다면 그것이 자신의 문제라는 점을 꼭 깨달아야 한다.

좋은 부모, 좋은 자녀 = 완벽한 사람?

건강한 삶을 살기 위해서는 나와 내 주변에 있는 사람들을 잘 돌보며 챙기는 것이 중요하다. 그러기 위해서는 그들이 힘들 때 정신적으로 지지해 줄 힘이 내게 있어야 한다.

먼저 좋은 부모가 되기 위해서는 '완벽'에 대한 강박을 내려놓아야 한다. 육아나 훈육에 있어 우리는 완벽한 부모가 될 수 없다. 애초에 완벽한 인간이 아니기 때문이다. 우리를 길러 준 부모님도 완벽하지 않았다. 그저 최선을 다해 사랑해 줄 뿐이었다.

화내지 않고 혼내지도 않는 부모가 완벽한 건 아니다. 무엇이든 아이가 원하는 것을 들어주는 것도 완벽과는 거리가 멀다. 아이가 좋아하는 부모가 되고 싶다고 해서, 아이가 떼쓴다고 칼을 쥐어 주는 부모는 없다. 자녀의 나이와 상관없이, 훌륭한 부모는 자녀를 일관되게 사랑한다. 기분이 안 좋은 날이라고 해서 아이를 때리거나 소리 지르지 않는다. 또 어느 날은 기분이 너무 좋아 잘못을 저지른 아이를 칭찬하지도 않는다.

사십 대 중반의 여성 내담자가 있었다. 우울증 때문에 상담받고 있던 그녀는 초등학생과 중학생인 두 아이를 육아하는 데도 어려움을 겪고 있었다. 아이들이 학원 숙제를 안 해 가거나 늦잠을 자면 필요 이상으로 불쑥불쑥 화가 튀어나왔다.

어느 날 중학생 아들의 숙제를 도와주던 중 순간적인 화를 주체하지 못한 그녀는 아이의 뺨을 때렸다. 놀란 아이는 자기 방으로 들어가 문을 닫았고 그녀는 거실에 남아 손을 떨었다. 다음 순간 보여 준 그녀의 행동은 정말 용감했다. 곧바로 아이에게 가 무릎을 꿇고 사과한 것이다. 엄마에 대한 분노와 슬픔으로 울고 있던 아들은 깜짝 놀랐다. 자신 앞에 무릎을 꿇고 진심으로 사과하는 모습을 보며 아이는 화난 마음과 억울한 마음을 순식간에 풀었고 엄마를 안아 주었다.

그녀는 아이의 마음속에 평생 남을 수도 있는 상처를 주었지만 즉각 자신의 잘못을 고백함으로써 아이와의 관계를 회복했다. 어떻게 자식에게 무릎을 꿇을 수 있었을까? 하지만 자신의 잘못으로 사랑하는 아이에게 큰 상처를 주었다면 즉각 달려가는 것보다 더 중요한 일이 있을까? 부모다운 것은 어떤 순간에도 자존심을 지키는 것이 아니라 상처를 주었다면 무릎을 꿇어서라도 그 여린 마음을 돌아서게 하는 것이다. 그것이 진정한 어른이고 부모라고 생각한다.

단언컨대 나는 이 엄마가 가장 훌륭한 엄마라고 믿는다. 가장 훌륭한 부모란 처음부터 완벽한 부모가 아니다. 그런 부모는 없기 때문이다. 자신의 연약함에도 불구하고 그 연약함을 인정하고 잘못을 사과하는 태도가 가장 훌륭한 부모의 자질인 것이다.

'나는 아무것도 잘못한 게 없어. 내가 부모고 세상을 더 많이 살았으니 무조건 내 말이 옳아!'

'너는 내 거니까 내 말에 복종해야 돼. 내가 원하는 공부를 하고 원하는 사람이 돼야 해.'

이런 태도는 아이보다 더 아이 같은 미성숙한 자세다. 아이는 그때도, 다 자란 이후에도, 그런 부모를 훌륭하게 생각하지 않을 것이다.

사십 대 K 씨는 양육자로부터 종종 비난과 부정적인 말을 듣고 자랐다. 공부를 잘하는 학생이었지만 늘 엄마는 그것밖에 못 하냐며 아이를 나무랐다. 진심과는 달리 툭툭 내뱉는 말조차 그의 마음에는 총알처럼 날아와 박히곤 했다.

사십 대가 되어 팀장으로서 책임감과 성실함으로 그 능력을 인정받고 있었지만 그의 마음은 늘 공허했다. 겉으론 쾌활한 척했지만 사실 일로 낯선 사람을 만날 때마다 부담스럽고 불안했다. 아무리 열심히 해도 채워지지 않는 공허함이 그의 중년기를 암흑으로 끌고 가고 있었다.

서점에 가서 우울증에 관한 여러 심리 서적을 사 봤지만 크게 도움이 되진 않았다. 자신에 대한 기준이 높은 탓에, 고작 부모님에게 칭찬 몇 번 받지 못한 일로 불행에 빠진 자신을 인정할 수가 없었다.

하지만 그건 '고작'의 문제가 아니었다. 부모가 생각 없이 자녀에게 내뱉는 말은 그저 말이 아니라, 아이에겐 전 우주이자 세상에서 들려오는 목소리의 전부이기 때문이다.

그는 스스로도 자존감이 낮다고 말하며 우울증에 시달려 심리 상담을 받기로 했다. 치유가 일어나기까지 그에겐 이 년이라는 시간이 필요했다. 그 스스로 더 이상 사람이 두렵지 않다고 느끼는 순간, 상담 치료는 종료되었다. 그의 낮은 자존감 역시 높아졌다. 부모도 하지 못한 일을 그는 치료를 통해 해냈다. 조금 시간이 걸리긴 했지만 결국 자신에게 스스로 훌륭한 부모가 되어 준 것이다.

좋은 부모는 아이에게 자신의 안정적인 정서를 물려준다. '절대 실수를 해선 안 돼'가 아닌, '실수해도 다시 하면 돼'라는 용기를 선물한다. 심리적 면역을 유산으로 받은 아이는 스스로를 잘 돌보는 건강한 사람으로 자라게 된다. 이를 위해 부모가 엄청난 대가를 치러야 할 필요는 없다. 단지 아이의 감정을 잘 살피고 공감해 주면 된다. 그리고 아이가 부정적인 상황과 감정에 빠져 있을 때, 스스로 그 감정을 보게 해 주면 된다. 공감 없는 육아는 아이 스스로 자기 감정을 억압하고 외면하게 만든다.

"우리 엄마는 절대 달라질 사람이 아니에요. 예순이 넘었는데도 여전히 자기 잘못을 몰라요. 인정도 안 하고요. 그런데 이제 와서 내가 뭘 할 수 있겠어요."

어렸을 때 엄마에게 이유도 없이 매를 맞으며 자란 사십 대의 한 내담자는 첫 상담 중에 이렇게 말했다. 그녀의 말대로 기적이 있지 않는 한, 그녀의 어머니는 잘못을 인정하고 사과할 분이 아니었다. 하지만 내가 그녀의 어머니를 만났을 때, 그분은 딸을 잃고 싶지 않은 마음을 보였다. 무엇이 어디서부터 잘못된 것인지는 몰랐지만 딸과의 관계를 회복하고 싶어했다. 오히려 엄마보다는 상처받은 딸의 마음이 더 굳게 닫혀 있는 상태였다. 진지한 대화를 시작하기까지, 그녀의 엄마는 그 마음을 오랜 시간 지켜봐주어야 했다.

아이의 성장기 시절, 부모와 자식 간에 오래 방치된 문제가 있다면 그 문제를 해결하려고 조급해하지 말아야 한다. 그 갈등을 푸는 데 쌓아 놓은 시간 이상의 시간이 필요할지도 모르기 때문이다. 자녀의 마음에 어떻게 공감해 주어야 할지 모르겠고 버겁다면 제대로 된 전문가를 찾는 것도 한 방법이다. 관계를 악화시킨 억압된 감정이 무엇인지 볼 수 있게 도와 줄 것이다.

만약 당신이 좋은 부모를 가지지 못했다면 자녀에게도 좋은 부모가 될 수 없을까? 그렇지 않다. 힘들겠지만, 용기와 의지를 발휘해 부모로서 할 수 있는 최선의 몫을 다해야 한다. 불행으로부터 자녀를 지키는 길은 당신에게 달렸다.
부모님과 나의 관계가 지금도 좋지 않다면 어떻게 해야 할까? 누구도 자신의 부모는 선택할 수 없지만 어떤 부모를 만났든지 간에 그 이후의 삶은 자신의 것이다. 당신을 힘들게 하는 사람들이 끝까지 변하지 않더라도, 나는 나를 위해서 좋은 자녀, 좋은 부모 그리고 좋은 사람이 되어야 한다. 피해 의식에 사로잡혀 좋은 사람이 되기 위한 기회를 놓쳐서는 안 된다. 마음속에서는 끊임없이 부정적인 생각이 올라오더라도 의식적으로 그 생각들을 물리쳐야 한다.

나이가 해결해 줄 수 없는 문제

불행한 마흔의 사람들은 대부분 마음속에 자기 연민을 품고 있다. 좋은 부모 밑에 태어나지 못해서, 어렸을 때 좋은 친구와 선생님을 만나지 못해서, 좋은 학교와 직장에 들어가지 못해서 등의 이유로 현재 불행한 자신을 정당화하는 것이다.

자기 연민은 인간이 가장 빠지기 쉬운 자기 방어의 방법이다. 또한 그것은 삶을 견디게 하는 심리적 진통제 역할을 하기도 한다. 그렇기 때문에 평생 자기 연민에 빠져 있는 사람은 스스로를 끝없는 슬픔에 가두게 된다. 부모와 형제, 친구들을 원망하는 마음이 커지며 헤어날 수 없는 불행의 덫에 빠지기 때문이다.

지혜와 온유함이 생기는 대신, 나이가 들수록 날선 독단과 아집으로 타인에 대한 공격적인 성향이 강해지는 사람들도 있다.

그들은 자신들이 받은 크고 작은 상처들을 무기로 내세워 (타인에게 상처 주는 것에 대한) 면죄부를 얻으려 한다.

타인을 향한 분노는 자신의 병들고 고통스러운 마음을 드러내는 것이며 이것은 근본적으로 왜곡된 자기애에서 비롯된다.

최근에도 아동 학대에 대한 충격적인 뉴스가 끊이지 않고 있다. 가장 사랑을 주어야 할 가족과 친척, 선생님이 아이를 몽둥이로 때리고 화장실에 가둬 락스를 끼얹는 등의 비인간적인 학대 행위가 우리 사회 전반에 짙게 깔려 있다. 죽는 순간까지 학대를 받은 아이들을 생각하면 너무나 끔찍하고 가슴이 미어진다.

학대는 신체는 물론 영혼을 파괴하는 행위다. 즉 아이의 몸에 닿는 매는 영혼에 깊이 가 닿는다. 그리고 가해자는 가해의 사실을 쉽게 잊는다. 누구도 기억하지 않는 상처 속에 아이만 혼자 남겨진다.

몸의 상처는 시간이 흐르면 아물 수 있지만 균열된 마음은 저절로 치유되지 않는다. 따라서 영혼에 돌이킬 수 없는 상처를 입은 아이는 그 상처를 극복하기 위해 죽을 만큼의 노력을 해야 한다. 건강하게 잘 자란 사람들이 기본적으로 갖추고 있는 자존감과 안정감, 행복감이 그들에겐 없기 때문이다. 오히려 그 아이들은 맞고 자란 사실을 수치스러워하며 세상에 자신을 감추기 위해 노력한다. 인간의 기본적인 존엄마저 파괴하는 학대는 가장 쉽게 인간을 무너뜨리는 범죄다.

　수많은 학대 뉴스들 중 가장 충격적이었던 것은 아이를 학대하고 살해한 계모의 입에서 나온 말이었다. 왜 아이를 때려 죽게 만들었냐는 기자의 질문에 그녀는 이렇게 변명했다.

　"나도 학대받고 자랐다."

　자신도 학대를 받고 자랐으니 그 대물림은 당연하다는 식의 뻔뻔한 태도가 많은 사람을 경악하게 했다. 이 사건은 매우 극단적인 예지만, 우리 주변에는 이런 크고 작은 사례가 매우 많다.

　맞고 자란 아들이 자라서 아들을 때리고, 그 아들이 또 자라 폭력적인 남편이 되는 등 불행의 사슬은 세대를 거쳐 거듭되고 있다. 이것은 정말로 누구도 끊기 어려운 죄악의 고리일까? 사랑하기도 모자란 아이를 죽여 놓고도 자신도 학대받았다는 이유로 정당화할 수 있는 문제인가? 그렇다고 대답할 사람은 아무도 없을 것이다.

　누구도 자신이 받은 상처로 인해 다른 사람에게 상처를 줄 권리는 없다. 그 상처를 치유하기 위한 의무가 있을 뿐이다. 다른 사람이 아닌 자기 자신을 위해서. 우리는 좋든 싫든 자신의 존재에 대한 책임을 져야 한다. 어그러진 자기 연민으로 뭉친 상처는 더 이상 상처가 아니다. 그것은 병적인 자아일 뿐이다.

　사회적으로는 학대에 대한 형벌 강화, 부모 예비 교육 등이 필요하다. 정부 차원에서 학대에 대한 규정과 법을 강화하지 않으면 피해자는 끊임없이 병들고 상담실이나 정신과를 찾아가게 될 것이다. 좀 더 현실 가능한 법적 기준을 강화하여 학대 행위에 대한 범법적 인식이 확산되어야 할 것이다.

　"진정한 상처의 치유는 진정한 인간에게만 온다."

　진정한 의미의 자기 연민이란 이런 것이다. 상처로부터 자신을 치유하고, 혹은 치유하고자 노력하는 사람들만이 이 말을 받아들일 것이다.

다시 일어설 용기를 가진다는 것

　아흔 살 가까이 나이가 드신 여성이 상담실에 온 적이 있다. 몸의 병마보다 더 오래 우울증과 싸우며 살아온 그녀는 아들의 부축을 받으며 자리에 앉았다. 오랜 시간 대화를 나누며 나는 그녀의 우울증이 병든 부모로부터 온 것임을 알게 되었다. 가정에서 벌어진 폭력과 폭언들. 이제는 귀가 잘 들리지 않는 그녀에겐 아직도 그날, 그 시간들이 생생하게 들리고 보였다.

살아온 구십 년에 비하면 매우 짧다고 할 수 있는 그 어린 시절이 그녀의 평생을 붙들고 있었다. 조금 더 빨리 도움을 청했으면 좋았을 텐데, 하는 생각이 들었다. 십 대의 내담자든, 팔십 대 후반의 내담자든 그들의 마음은 늘 같다. 젊고, 연약하며 그래서 과거를 잊지 못한다. 그 과거에서 벗어나기 위한 길은 오직 하나다. 과거에서 벗어나고자 하는 '용기'를 내는 것이다. 당신에겐 그럴 자유와 용기가 있다.

다칠 용기, 다시 일어설 용기, 수치심과 죄책감에서 놓여날 용기, 사과할 용기, 연약함을 드러낼 용기… 자신감도 용기이며 나이가 드는 데도 용기가 필요하다.

좋은 사람이 된다는 것은 사회적으로 높은 지위를 얻거나 성공하는 것을 뜻하는 게 아니다. 지위가 높고 돈이 많다고 해서 저절로 고귀함을 얻는 것은 아니기 때문이다. 좋은 사람이 되는 길은 자신이 좋은 사람인지 스스로를 돌아보는 것에서 출발한다. 우리는 좋은 사람이 되기 위해 순수한 용기를 내야 한다. 순수한 용기란 상황에 따라 달라지지 않는다.

늘 무기력하게 살아왔으니 앞으로도 그럴 것이라 스스로를 다그치는 사람이 있다. 그들은 행복을 사치라고 생각하며 끈질기게 자기 자신을 옭아맨다. 그들은 스스로의 감정에 책임지기 싫어하기 때문에 자신을 억압해 묶어 두는 것이다. 그런 고정된 감정과 생각을 과신하지 말았으면 좋겠다. 그런 감정과 생각은 그저 '오래된' 것일 뿐, 오래되었다고 '옳은 것'은 아니다.

노를 젓는 동안에는 무척이나 고통스럽지만 그것이 폭포 아래로 떨어지는 것을 막아 준다. 그리고 어느샌가 평온한 강가에 다다를 수 있을 것이다. 이렇듯 자기 성찰은 삶의 균형을 잡아 준다. 자신과 삶에 대한 균형 있는 믿음과 자신감이 필요하다.

이별에 대한 대처와 애도 연습하기

아무리 시간이 흘러도 잊을 수 없는 아픔이 죽음으로 사랑하는 사람을 잃는 일일 것이다. 온 국민이 아파한 세월호 참사 이후에 한 어머니가 죽은 딸의 생일을 위해 케이크에 불을 켜 놓은 사진을 보며 나도 오열했던 적이 있다. 가족의 죽음 중에 자식의 죽음은 가장 큰 고통을 가져오는 것이리라. 자식을 앞세운 부모의 고통은 어떤 말로도 형언할 수 없을 것이다.

애통하다, 참담하다라는 말만으로는 다 담아낼 수 없는 고통이다. 나의 어머니는 애지중지했던 막내아들을 불의의 사고로 잃었다. 내게는 막냇동생인 그 아이의 죽음은 우리 집에 닥쳤던 가장 큰 불행 중 하나였다. 그 죽음의 여파로 충격을 받은 아버지가 돌아가시게 되었고 어머니는 정신을 놓은 채 미친듯 동생의 발자취를 찾아다니셨다. 그리고 지금도 나는 내 동생을 애틋하게 그리워하고 있다.

우리는 누구나 예기치 않은 이별을 맞이하게 된다. 연인과 헤어지는 이별 후에 깊은 우울증이 생기기도 하고 불의의 사고로 사랑하는 가족과의 이별을 경험하기도 한다. 마흔 이후에 우리는 어떤 종류의 이별이든 다가올 이별에 대해 생각하지 않을 수 없다.

슬픔은 함께 슬퍼해 주는 사람이 있을 때 점점 줄어든다. 그래서 누군가 이별의 아픔을 겪었다면 곁에 있어 주고 함께 슬퍼해 주길 바란다. 그래야 그 사람도 나에게 언젠가 닥치게 될 그와 같은 아픔을 함께 슬퍼해 줄 것이다. 때때로 사람의 일생이 슬프게 다가온다. 초겨울의 싸늘한 바람 한 줌이 문풍지를 흔들며 지나가듯이 허무하게 사라져 가는 사랑하는 이들과의 이별은 언제나 누구에게나 가슴 아프다.

언제까지나 곁에 계실 것 같던 부모님, 형제들과도 언젠가 이별하게 된다. 살아서 이별하는 것도 서럽고 아픈데 죽음으로 이별하는 것은 더욱 슬프고 가슴 아프다. 다시는 이 세상에서 볼수 없다는 생각이 절망스럽기까지 하다. 이 죽음에 대한 철학적 사색이 오랫동안 이어져 왔고 수많은 철학자와 문학가들이 죽음을 다루어 왔지만 각자에게 느껴지는 강도는 모두 다르다고 생각한다.

그 사람이 나와 어떤 관계였는지, 어떻게 살아왔는지, 그 사람의 인품이 어떠했는지, 나에게 어떻게 대해 주었는지에 따라 각기 다른 크기의 아픔과 슬픔을 아로새긴다.

그래서 모든 이별 이후에는 반드시 잘 떠나보내는 애도의 과정이 필요하다. 충분히 슬퍼해야 한다는 것이다. 자식을 잃거나 너무나 사랑하는 이를 떠나보내면 한동안 눈물조차 흘리지 못하게 된다. 그러나 오래 울지 못하고 애도하지 못하면 흘리지 못한 눈물이 내면에서 딱딱하게 굳어 병이 되는 것이다.

사랑하는 이와 사별 후에 유품을 정리하는 것이 힘들어 수년이 흘러도 그대로 두는 사람도 있다. 그러나 충분히 슬퍼하고 슬퍼한 후에는 유품을 정리하고 떠나보내야 한다. 떠나보내지 않으면 남아 있는 사람은 평생 고통의 짐을 안게 된다. 떠난 사람은 결코 그것을 원하지 않을 것이다. 남아 있는 사람이 남은 인생을 행복하게 살기를 원할 것이다.

죽음은 인생을 마무리하는 것이다. 누구에게나 한 번은 죽음이 찾아온다. 떠난 사람과 남아 있는 사람, 이 둘 사이에 반드시 있게 되는 이별에 대처하기 위해 주위를 살피고 자신을 성찰하면 좋겠다. 오늘 하루를 생의 마지막 순간처럼 살라는 말도 있다. 내일 일은 우리가 알 수 없다.

좋은 이별은 슬픔 이후에 깊은 깨달음을 주고 우리를 성장하게 한다. 이별이 무조건 나쁜 것이라는 인식을 버리고 새로운 관계 맺기의 시작일 수도 있음을 기억하자. 그리고 슬퍼하는 것도 나쁜 것이 아님을 알자. 슬픈 일이 생길 때는 감정을 숨기지 말고 깊이, 진실하게, 충분히 슬퍼하자. 그러한 자세를 갖추는 것이 이별에 대처하는 가장 중요한 방법이다.

마흔을 지나는 이 시기에 이러한 이별에 대처하고 준비해야 한다는 인식이 시작되어야 한다.

독이 되는 편견의 말들 지우기

시대마다, 지역마다, 오랜 관습에 의해 내려온 언어 표현들이 있다. 어떤 것들은 속담이 되기도 하고 어떤 것들은 전혀 다른 의미로 회자되기도 한다.

그중에 우리가 뜻을 제대로 모르고 사용하거나, 잘못된 해석을 하여 타인의 마음을 상하게 하거나, 인간관계에 금이 가게 하는 표현들이 많다. 그 표현들은 너무나 흔하며, 너무나 자연스럽게 우리 생활 속에 녹아들어 있기 때문에, 이런 말들이 타인을 해치는 독이 된다는 것을 전혀 인식하지 못하는 것을 보면 안타까움을 금할 수 없다. 아무 생각 없이 함부로 말하여 상처 주는 행위를 이제는 반드시 멈추어야 한다.

그중 몇 가지만 살펴보자.

"넌 너무 여려!"

눈물이 많고 상처를 잘 받는 사람에게 "너는 너무 여려서 큰일이야"라는 표현을 흔히 쓴다. 이 말에는 마음이 여려서 이 험한 세상을 어떻게 살아 나가겠냐는 투의 빈정거림이 담겨 있다. 여리다는 말을 다르게 표현하면, '마음이 착하다', '마음이 따뜻하다', '마음이 부드럽다'라고 할 수 있다. 마음이 착하고 따뜻한 사람이 눈물이 많고 상처를 더 깊게 받는 것은 사실이다. 그러나 그것이 나쁜 것인가.

여리다는 말을 부정적인 비난투의 의미로 사용하는 것은 상처를 잘 받는 그들에 대한 안타까움의 발로이기도 할 것이다. 그러나 마음이 부드럽고 따뜻한 것이 나쁜 것은 아니지 않은가. 여리다는 말의 반대는 '강하다', '세다' 같은 표현들인데, 강하고 센 것 역시 나쁜 것은 아니다. 강하고 센 것이 타인에게 가해의 이미지로 다가올 때 나쁜 것이다.

여리다는 말 대신에 "너는 너무 독해. 너무 강해"라고 말하면 기분이 좋을까. 그것 역시 좋지 않을 것이다. '여리다', '강하다', 그 두 가지 성향 어느 쪽도 비난할 수 없다. 그것은 그저 각 사람의 특성일 뿐이다.

서로 취약한 부분이 있을 뿐 어떤 쪽도 나쁘기만 하거나 좋기만 한 것은 아니다. 여리다는 말을 부디, 마음이 따뜻하고 착한 사람을 향해 빈정거리기 위해 쓰지 않기를 바란다. 당신은 강하고 센 성격의 사람을 선호하는가? 그럴 수는 있다. 그러나 그 반대 성향을 비난할 필요도 없는 것이다. 또한 주로 센 쪽이 여린 쪽에게 나쁜 이미지를 덮씌우는 것도 좋지 않다. 부디 어느 쪽도 서로가 서로에게 상처 주는 말을 함부로 하지 않길 바란다.

"넌 고집이 세!"

고집이 센 것과 소신 있는 행동은 보기에 따라 비슷하게 보일 수도 있다. 그러나 고집이 세다는 것은 옳지 않은 일에도 자신의 생각만을 주장하며 타인의 충고나 조언을 절대로 받아들이지 않는다는 뜻이다. 그러나 신념이 강하거나 소신이 있다는 것은 누구에게 휘둘리지 않고 자신의 올바른 가치관에 따라 행동하는 것을 말한다.

자신의 말을 따르지 않는 사람에게 화가 나면 "너는 정말 고집이 세구나"라고 비난하는 것을 흔히 보게 된다. 사람마다 자신의 신념과 생각이 다르다. 자신을 따르지 않는다고 고집이 세다며 비난하는 것은 일부러 상처 주는 행위가 된다.

그러므로 함부로 고집이 세다는 표현을 하면 안 된다. 범죄를 저지른 후 회개하지 않고 계속해서 범죄를 저지르는 사람들이 고집이 센 사람인 것이다. 나쁜 짓을 서슴지 않고도 절대 잘못을 인정하지 않으며 계속 나쁜 짓을 하는 사람이 고집이 센 사람들이다. 그들에게 고집이 세다고 말하라.

그러나 그런 범죄자가 아니라면 섣불리 고집이 세다고 빈정거리지 말아야 한다. 특히 자신의 어린 자녀에게 고집이 세다며 펌

하하거나 모욕을 주면 아이의 자존감은 바닥으로 떨어지게 된다는 것을 명심해야 한다.

"난 A형이라 소심해!"

혈액형으로 성격을 규정하는 것은 우리나라 사람들이 가장 많이 범하는 잘못된 표현이다. 혈액형별 성격을 확고하게 믿는 사람들 때문에 얼마나 상처가 되면 "O형 같은 A형"이라는 표현이 나왔을까. 단 네 가지 혈액형으로 수많은 성격을 어떻게 가름할 수 있겠는가.

네 가지 혈액형의 특징은 사실 모든 사람에게 골고루 섞여 있다. 혈액형과 성격의 연관성을 살펴보는 실험에서 이러한 사실이 밝혀진 바 있다. 상황이나 심리 상태에 따라 소심한 A형처럼 보였다가 활발한 B형처럼 보이는 것뿐이다.

나는 누구보다 말을 잘하고 대담한 A형의 사람들을 많이 알고 있다. 또한 아주 소심하고 수줍음이 많은 O형도 많이 알고 있다. 모든 사람에게 있는 일반적인 특성을 한 가지만 끌어내면 혈액형별 성격 특성이 아주 비슷하게 맞는 것처럼 보인다. 그러나 그렇지 않다. 제발 혈액형으로 성격을 가늠하지 말자. 사람의 성격과 기질은 매우 복잡하며 장점과 단점으로 이루어져 있다. 그렇게 단순하게 나눌 수 없는 것이다.

이런 표현들이 이미 우리나라 사람들의 뇌리에 각인되어 견고한 선입견으로 굳어져 쉽게 변할 것 같지 않다는 것이 문제다. 우선 혈액형을 물어보는 사람이 있다면 혈액형으로 성격을 규정하는 것이 무지한 태도라는 것을 알게 해 주어야 한다.

"넌 너무 내성적이라 큰일이야!"

많은 부모들이 조용한 성격의 자녀들에게 하는 말이다. 내성적인 성격이 뭐가 문제인가? 내성적이면 손해 본다는 잘못된 편견에 사로잡혀 있는 사람들이 많다. 그래서 부모들은 내성적인 아이의 성격을 개조하기를 원한다. 그래서 가기 싫다는 아이를 억지로 해병대 캠프에 보내서 더 큰 문제를 부르기도 한다.

내성적인 성격의 반대는 외향적인 성격이다. 둘 다 장점과 단점이 있다. 내성적인 것과 소심한 것이 동의어라는 생각은 반드시 고쳐야 할 인식이다. 내성적인 사람이 반드시 소심한 것은 아니기 때문이다. 외향적인 사람도 소심해진다.

내성적인 성향의 사람은 조용하고 차분하게 머릿속으로 생각을 정리한 후에 말을 하기 때문에 말실수가 적고 훨씬 더 능률적으로 공부나 일을 할 수 있고 성과를 낼 수 있다. 외향적인 성향의 사람은 생각을 하면서 말을 하기 때문에 내성적인 사람보다 말실수를 더 많이 할 확률이 높다. 물론 생각과 행동을 동시에 하기 때문에 뭐든 빠르게 진행하며, 낯선 사람에게도 쉽게 다가가 사교적으로 보일 수 있는 장점도 있다.

그러나 내성적인 사람은 어떤 사람과 친해지려면 상대를 신중하게 파악하기 위한 시간이 걸린다. 외향적인 사람에게는, 시간이 조금 더 필요한 내성적인 사람이 느리고 굼뜨고 답답하게 보일 수도 있다. 그러나 약 칠 초 정도만 기다려 주면 된다. 그러면 발표도 잘하고 논리적으로 말을 잘하는 사람이 바로 내성적인 사람이다.

그런데 내성적인 성향을 자꾸만 나쁘게 비난하면 계속 움츠러들고 주눅이 들어서 소심해지게 된다. 소심해지는 것은 성격과 상관이 없다. 외향적인 아이와 내성적인 아이 모두에게 매일 모욕감을 주는 말을 한다면 틀림없이 둘 다 소심해진다. 어떤 사람이든 상처를 계속 받으면 소심해진다. 소심해지는 것은 대범하고 자신감 있는 모습을 잃어버리는 상태를 말하는 것이지 결코 성격이 아니다.

내성적인 성향이 나쁜 것이 아님을 꼭 기억하자. 오히려 장점이 훨씬 많다는 것을 인식해야 한다. 〈내성적인 보스〉라는 제목의 드라마가 있었는데, 나는 그 제목을 "소심한 보스"라고 바로잡고 싶다. 그런 드라마를 본다면 소심하고 주눅 들어 있는 남자 주인공을 내성적인 사람이라고 생각하며 더욱 오해가 깊어질 것이다.

소심한 것은 마음속 상처가 쌓여서 생긴 증상 같은 것이다. 상처를 씻고 원래의 자기 자신을 찾으면 내성적인 성향이 열등한 성격이 아니며 소심한 것도 아님을 알게 될 것이다.

"난 다혈질이라 욱하는 거야!"

화를 잘 내는 사람이 자기 합리화를 하기 위해 흔히 쓰는 언어 습관이다. "나는 욱하는 성격이지만 뒤끝은 없어"라는 이치에 맞지 않는 말을 마구 한다. 세상에 화를 잘 내는 성격은 없다. 화를 잘 내는 것은 어린아이와 같은 미성숙한 상태이기 때문에, 이런 표현은 화를 잘 내는 못난 자기 자신을 조금이라도 합리화하기 위해 지어낸 말이다. 마음속 밑바닥에 수많은 상처가 모여 불안과 분노를 짚불처럼 지펴 올리는데, 이것이 툭하면 화를 내는 습관으로 발전하는 것이다.

아주 외향적이고 화통한 성격이라 하더라도 화를 내지 않는 사람들이 있다. 정말 건강한 마음을 가진 사람들이다. 화를 내고 나면 자신은 조금 시원하겠지만, 곁에 있던 사람들은 분노의 파편에 맞아 피투성이가 된다. 자신은 시원해져서 뒤끝 없는 것처럼 느껴지겠지만 주위 사람들은 그 후로도 오랫동안 신음하며 뒤끝 작렬 상태가 된다.

차라리 그런 말로 합리화하지 말고 "난 정말 치유해야 할 상처가 많은가 봐. 난 아직 화를 잘 내는 어린애 같아…"라고 솔직해지는 편이 훨씬 더 낫다.

"넌 왜 이렇게 예민하니!"

예민하다는 말이 나쁜 의미로 쓰이고 있다. 예민한 사람이라는 표현은 까탈스럽고 불편한 성격을 가진 사람이라는 뜻으로 주로 쓰인다. 이런 잘못된 의미를 바로잡아야 한다. 예민해야 할 수 있는 일들이 너무나 많다. 아니 예민하지 않으면 무엇도 제대로 할 수 없을 것이다. 예술가나 세밀한 연구를 수행하는 사람들이 주로 그렇다. 그들이 예민하지 않았다면 훌륭한 예술 작품도, 과학 발전도 없었을 것이다.

예민한 성향이 나쁘다면 무뎌져야 하는가? 그렇지 않다. 성격이 무디면 스트레스를 잘 받지 않는다는 장점이 있지만 타인의 마음을 잘 헤아리지 못하고 쉽게 무심해지는 단점도 크다.

자신의 심기가 불편해지면 상대를 쉽게 공격하려는 연약한 인간의 심리가, 뭐든 무의식적으로 나쁘게 해석하여 공격의 빌미로 삼는 행동으로 이어지는 것이다. 예민한 사람들이 이 세계를 발전시켰으며 아름답게 만들었다. 예민한 사람들의 헌신으로 세상은 아름다운 음악과 미술과 문학으로 가득 차게 되었다. 그러므로 이제부터는 예민하다는 말이 칭찬의 말로 쓰이기를 간절히 바란다.

"넌 너무 착해!"

언제부턴가 우리 사회에 "착한 남자", "착한 식당", "착한 가격" 등의 표현이 정착하게 되었다. 착하다는 말은 분명히 긍정적인 말이다. 여자들이 흔히 수다를 떨며 "뭐니 뭐니 해도 착한 남자가 최고야. 아무리 돈 많아도 성질이 더러우면 꽝이야" 같은 말을 한다. 카페 한쪽에서 커피를 마시다 보면 듣게 되는 말이다.

그런데 이 말이 부정적인 의미로 쓰이기도 한다. 너무 착하다는 말이 자기 주관이 없어서 남들에게 휘둘리는 유약한 사람을 가리키는 의미로 더 많이 쓰이고 있다. 또한 "넌 착하니까 엄마 말 잘 들을 거지?"라는 식으로 어린아이를 조종하기 위해 부모가 무의식적으로 이런 말을 한다. 아이도 무의식적으로 '나는 착해야 하는구나… 착하지 않으면 엄마가 나를 싫어하겠구나'라고 생각하며 억지로 자기 생각을 억누르고 착한 아이가 되려고 한다.

자라서는 남의 눈치를 보고 인간관계에서 늘 긴장해 할 말도 못 하고 거절도 할 수 없는 유약한 사람이 된 자신을 향해 '난 너무 착해서 힘들어'라고 생각한다. 주위 사람들에게 늘 들어 온 말이기 때문이다.

착하다는 말로 남을 조종하려는 사람들 때문에 어느새 착하다는 표현은 듣기 싫은 말이 되었다. 착한 사람이라는 말은 선하고 아름답고 향기로운 사람이라는 뜻이다. 착한 것이 나쁜 의미라면 악한 사람이 되어야 하는가. 우리는 모두 착한 사람이 되어야 한다. 다른 사람에게 상처 주지 않고 오히려 위로해 주고 도와 주는 착한 사람이 되어야 한다.

"넌 왜 이렇게 감정적이야!"

감정적이라는 말이 나쁜 뜻으로 오해받고 있다. 사람의 성격 척도 중 감성형과 이성형이 있다. 두 가지 모두 나쁜 것이 아니다. 장점과 보완점이 있을 뿐이다. 두 성향 모두 감정적이 될 수 있다. 감정을 못 느끼는 것이 문제지 감정을 잘 느끼는 것은 모든 사람에게 꼭 필요하다.

감정적인 사람은 아주 질이 나쁜 사람이라는 뜻으로 받아들여지기 때문에 이런 표현보다는 "네 감정이 상했구나. 기분이 안 좋아 보여"라는 말로 고쳐야 한다. 감정이 자연스럽게 흐르는 것이 인간적이고 바람직하다. 누군가 기분 나쁜 말을 했는데도 아무 감정을 못 느낀다면 그것이 가장 큰 문제다.

나는 종종 너무 큰 트라우마를 가진 사람이 마음을 마취한 것처럼 아무 감정을 느끼지 못하는 것을 본다. 그들은 슬픈 이야기를 하면서도 아무 감정이 없다고 말한다. 그런 사람이 가장 안타깝고 가슴 아프다. 그나마 감정을 격하게 드러낸다면 자신의 상처를 내보이고 있다는 뜻이니 그런 사람의 아픔을 공감해 주고 위로해 주기를 바란다.

  우리는 자신이 우위를 점령하기 위해, 자신의 열등감을 잊기 위해, 자신의 못난 모습을 감추기 위해, 상대방을 조종하거나 위협하려는 무의식적 동기로 생각 없이 계속해서 사람들에게 상처 주는 말을 하고 있다. 상처 주는 언어 표현을 습관적으로 사용하고 있다는 사실을 인식하고 바로잡아야 한다.

  성경에 기록된 표현을 보면, "나를 믿는 이 작은 사람들 가운데서 하나라도 죄짓게 하는 사람은, 차라리 목에 연자맷돌을 달고 바다 깊숙히 잠기는 편이 낫다"고 했다. 바닷물에 빠져 죽는 것이 낫다고 할 정도로 상처 주는 행위를 강도 높게 경계하고 있다. 함부로 말하고 잘못된 표현을 쓰는 것이 바로 심리적 약자를 무너지게 하는 행위라는 것을 기억해야 한다. 상처 주는 것은 죄악이다. 자신도 모르게 주위 사람들에게 상처 주는 말을 하지 않도록 돌이키고 바른 언어 표현을 쓰도록 노력해야 한다. 🛁

5장

마흔, 내가 가는 길이 맞는지 고민하는 나이

세상의 기준에 맞춰야 했던 십 대나 이십 대와는 달리,
이제는 당신의 기준에 맞춰라. 무슨 일에 관심이 많은지,
어떤 공부를 해 보고 싶은지. 그 선택으로
'단 일 년만이라도' 아니 '한 달만이라도' 즐겁고 행복한 삶을
살 수 있다면 그 시간은 당신의 남은 평생을 받쳐 줄
자양분이 될 것이다.

이 나이에 무슨 일을 할 수 있을까?

마흔의 직장인이라면, 직장에서 현재 내가 처한 위치가 맞는지 미래에 어떤 대책을 세워야 할지 고민하며 불안을 느낄 수 있다. 아직 이른 이야기지만 주변을 둘러보면 퇴직에 대한 고민도 하지 않을 수 없을 것이다. 만약 지금 하고 있는 일이 원하던 일이 아니라면 그 고민은 더욱 클 것이다. 원하는 일에 도전할 수 있는 마지막 기회가 마흔이기 때문이다.

출산과 육아로 인해 경력이 단절된 주부라면, 마흔은 재취업이 가능한지 고민하는 시기이기도 하다. 하지만 지금 같은 상황에서 안정적인 일자리를 찾는 것은 쉽지 않다. 오히려 경력과 상관없는 일을 맡아 저임금으로 일할 확률이 높다. 가뜩이나 일도 힘든데 사춘기를 맞은 아이들마저 뜻대로 안 따라 주면 두세

배로 힘든 것이 사실이다. 아이들이 반항하는 것도 모자라 남편까지 타박하며 왜 무리해서 그런 일을 하느냐고 성화를 할 수도 있다.

가계에 도움도 되고 못다 한 자아실현도 이루기를 꿈꿨던 아내로서는 이런 가족들이 너무나 서운하고 모질게 느껴질 것이다. 힘든 육아를 해내면서 뭐든지 잘할 수 있을 것만 같던 자신감은 사라지고 이제는 겁이 날지도 모른다. 괜히 뭔가를 시도했다가 안 하느니만 못한 결과를 낳은 것만 같기 때문이다.

흔히 마흔은 '마지막으로 뭔가를 할 수 있는' 나이로 여겨진다. 이 기회를 잘 이용하면 정말로 하고 싶은 일을 시작할 수도 있고 제2의 삶을 시작할 수도 있다. 하지만 현실적으로 그것이 가능할까 싶어 고민만 계속할 수도 있다. 이제 기준이 되는 건 돈을 얼마나 많이 버느냐가 아닌, 정말로 내가 원하는 일을 하느냐다. 자신이 원하는 걸 알기 위해선 명료한 문장으로 스스로에게 질문을 해 볼 필요가 있다.

"이 일이 정말 나를 행복하게 만들어 줄까?"

"이 일을 하면서 지속적인 보람과 기쁨을 느낄 수 있을까?"

"십 년 뒤에도 지금과 똑같은 생각일까?"

그렇다는 확신이 있다면 꿈을 실현시킬 방법을 찾아보자. 만약 가족들이 지지해 주지 않는다면 그들의 의견을 정확히 듣고 재고해 볼 필요가 있다. 즉 그 일을 반대하는 이유를 합리적으로 판단해 보자. 가족들의 도움과 정신적인 지지 없이 독단적으로 일을 벌이는 것은 결국 자신에게도 위험한 선택이 될 수 있기 때문이다.

마흔의 자아실현이 가능할까?

조금 늦었지만 용기 내어 시작한 일을 통해 자아실현을 이루고 사회에 도움을 줄 수도 있다.

결혼하면서 대학원을 휴학했던 사십 대 중반의 여성 C 씨는 작년에 다시 복학해서 어느 때보다 열심히 학구열을 불태우고 있다. 원래 그녀의 꿈은 사회복지사가 되는 것이었다. 아직은 공부와 집안일의 균형을 맞추는 게 어렵지만 남편이 도와주고 있어 꼬박꼬박 수업을 듣고 있다. 그녀는 육아를 하면서 잃어버린 공부에 대한 열정을 다시 되새겼다. 막상 돌아와 보니, 얼마나 공부가 즐겁고 집중이 잘되는지 잊고 있었다.

자신보다 어린 학생들과 수업을 듣는 게 조금 쑥스러울 때도 있지만 잘 찾아보면 자신처럼 출산 후 다시 대학원에 돌아온 또래들도 있었다. 도서관에서 시험공부를 하고 과제를 하면서 그녀는 젊음에 대한 상실감을 채우는 시간을 가졌다. 물론 공부도 쉽진 않았지만 공부보다 더 값진 것을 배워 가는 느낌이 들었다.

석사 학위를 받는 미래의 모습을 생각하면 가슴이 부풀었다. 그녀는 공부를 하면서 틈틈이 사회복지사로서 할 수 있는 일들을 조사하기 시작했다. 누구 엄마, 부인으로만 사는 것이 아니라, 이 사회의 일원으로 살아갈 수 있다는 것에 벌써부터 뿌듯한 보람이 느껴졌다.

한 여성은 커피 향기가 좋아 바리스타 자격증에 도전했다. 몇 개월의 교육 과정 동안 여러 사람과 어울려 공부하며 매우 즐거웠다. 언젠가 자신만의 브랜드로 커피숍을 창업하려는 꿈도 꾸었다. 마흔이 넘은 나이에 도전하는 것이 늦지 않았을까 생각도 했지만 새로운 도전은 기쁨과 설렘을 주었고 이전과는 다른 생기를 가지게 되었다.

마흔이 넘어 창업이나 공부에 도전한 여성들은 처음에는 불안을 느꼈지만 조금씩 나아가며 점점 더 용기를 얻게 되었다고 이 구동성으로 말했다. 나아가면서 예상치 못했던 크고 작은 어려움 도 겪었지만 뭔가를 시작하기로 마음먹은 자신을 대견스럽게 생 각하게 되었다.

걱정과 불안에만 갇혀 시도하지 않는다면 아무것도 이루어지 지 않는다. 엄청나게 위대한 일이 아니어도 괜찮다. 이십 대와는 전혀 다른 일에 도전해 볼 수 있는 시기가 지금이다.

중고등학교 시절의 성적에 맞추어 살았던 이십 대를 지나 자 신이 원하는 일에 도전하는 모든 사람은 아름답고 훌륭하다. 불 안이 없을 수는 없지만 조금씩 나아가다 보면 불안은 어느새 자취를 감추고 자신감이 커진다. 삶을 성공적으로 살았던 모든 사람에게는 처음에 시작하는 순간이 있었다는 사실도 꼭 기억 하자.

남자, 성공이 전부는 아니다

얼마 전 크게 성공을 이루었던 중년 남성의 죽음을 다룬 기사 를 보았다. 그는 미국에서 박사 학위를 받았고 자신의 사업을 번

창시킨 CEO였다. 성공가도를 달리던 그가 스스로 목숨을 끊었다는 소식은 지인들에게 큰 충격을 주었다. 그는 죽기 전에 주변 사람들에게 너무 외롭다는 말을 자주 했다고 한다. 그는 끝내 안타깝게도 자신의 마음을 진심으로 헤아려 주고 공감해 주는 사람을 찾지 못한 듯하다.

그 기사에 따르면 사회에서 충실히 앞만 보고 달리는 중년 남성들이 이런 위험에 빠지기 쉽다고 한다. 일반화할 수는 없지만, 여성들보다 남성들이 우울증에 빠졌을 때 스스로를 더욱 고립시키는 경향이 강하다. 그래서 남성들은 외로움에 취약하다.

상담실에 찾아오는 사람들도 구십 퍼센트가 여성으로, 여성들은 자신의 문제를 그나마 적극적으로 내어놓는다. 하지만 많은 남성이 그렇지 않다. 아버지(남자)는 강해야 한다는 식의 사회적 분위기가 여전히 크기 때문에 외로움을 속으로 앓고 묻어 두는 경향이 크다.

행복하기 위해 성공하려 했고, 성공하기 위해 젊음을 바쳐 그 자리에 오른 남성들. 마침내 성공의 자리에 섰건만 왜 그들은 행복하지 않을까? 그 자리에 오르기까지 그는 많은 경쟁자를 물리쳐야 했을 것이다. 좋은 아빠가 되기 위해 오히려 가정에 충실할 수 없었고 좋은 남편이 되기 위해 아내에게 관심을 기울일 수 없었을 것이다. 그 결과 정상에 선 그의 곁엔 그 성공을 기쁘게 나눌 사람이 없었다.

성공을 위해 불행해진다면 무슨 소용이 있을까. 내가 외롭고 슬플 때 내게 손 내밀어 줄 수 있는 사람이 아무도 없다면, 세상을 다 얻을 만큼 성공했을지라도 행복하게 웃을 수 있을까. 만약 성공이 목숨보다 소중했다면 그는 아마 죽음을 선택하지 않았을 것이다.

십 대에는 학교에서 처음 본 아이와도 쉽게 친구가 됐지만 중년은 그렇지 않다. 지금까지 살아온 삶의 얼개가 너무도 다르기 때문이다. 예를 들어 직업과 가치관이 다른 중년과 쉽게 진심을 나누기는 어려울 것이다. 그보다는 누가 더 결혼을 잘했는지, 어떤 차를 타는지 등을 비교하곤 한다. 외로움을 채우기 위해 감정을 소통하는 일도 거의 없다. 사회와 가정에서 가장 소외당하는 사람은 그런 사십 대 이상의 중년 남성들이다.

"사람은 다 외로워. 그냥 견디며 사는 거지."

맞는 말이다. 사람은 누구나 외롭다. 하지만 막연하게 외로움은 견디는 거라고, 받아들여야 한다고 스스로를 다그쳐선 안 된다. 그러한 시도는 오히려 외로움에서 벗어나려 발버둥 치는 것과 같다. 자신을 더 깊은 외로움에 잠식시켜 이게 내 삶이라고 여겨선 곤란하다. 누구나 외롭지만, 그 외로움이 당신을 죽음으로 몰아가선 안 되기 때문이다.

때론 작은 외로움이 일상을 폭주하는 사람을 멈춰 서게 한다. '왜 이렇게 힘들지? 외롭지? 뭔가 놓치고 사는 게 아닐까?' 하는 신호를 주는 것이다. 그때 우리는 삶에 대해, 인간에 대해 성찰할 수 있는 기회를 갖기도 한다. 따라서 모든 외로움이 물리쳐야 하는 악은 아니다.

하지만 만약 당신이 살고 싶지 않을 정도의 외로움을 느낀다면 모든 행동을 멈출 필요가 있다. '남자니까 참아야지, 별거 아니야'라고 생각해선 안 된다. 내 마음이 보내는 신호를 신중하게 들어야 한다. 왜 외롭다고 느끼는가? 그 외로움의 원인은 무엇인가? 혼자가 힘들다면 믿을 수 있는 전문가의 도움을 받아야 한다. 애써 스스로를 다잡지 않아도 좋다. 당신에겐 그저 그 외로움을 함께 느껴 줄 사람이 필요한 것뿐이다.

"나의 오랜 외로움의 원인은 뭘까. 이 깊은 외로움은 무엇으로부터 온 것일까."

몸만 열심히 움직인다고 성실한 건 아니다. 신체 활동 못지않게, 자신의 행동이나 마음에 대해 깊이 생각하고 분석하는 성실함이 필요하다.

생각 없는 삶이 계속 이어지는 것을 내버려 두지 않았으면 좋겠다. 그것은 소중한 자신의 삶을 방치하거나 위험에 빠트리는 일일 수도 있다. 지금껏 나를 찾아왔던 수많은 내담자는 세상에서 가장 무너진 사람들이었지만 자신에 대한 신뢰가 있었다. 그래서 그들은 비록 상처 입었으나 가장 아름답고 위대한 사람들이었다. 상처와 우울이 자신을 집어삼키도록 내버려 두지 않겠다는 용기와 결단이 있었기 때문이다.

사회는 무기력한 그들을 무능하다고 비판했지만, 그들은 누구보다 치열하게 고뇌하며 싸우고 있었다. 자신의 불행을 이겨내기 위해서. 자신을 끝까지 놓지 않았던 그들을 나는 여전히 존경한다.

나이가 들수록 몸보다 마음이 더 활동적이어야 한다. 일이 자신의 전부인지 생각해 보라. 그리고 지금 당신의 곁에 누가 있는지도 살펴보라. 당신은 당신의 외로움이 하고 있는 말을 귀담아듣고 있는가?

참지 말고 풀어낼 것

어렸을 때는 수시로 꿈이 달라졌다. 화가, 가수, 대통령, 발레리나, 과학자, 의사 등 다양한 꿈을 꿀 수 있는 시간과 기회가 있었다. 하지만 그때나 지금이나 많은 부모님이 안정적인 미래를 위해 돈과 명예가 보장되는 직업을 얻으라고 조언한다. 자녀가 미술이나 음악에 흥미를 보여도 그 길로 가는 것에 반대한다. 그래서인지 요즘은 초등학생들도 장래 희망을 회사원, 공무원으로 정해 놓는다.

일찌감치 스스로의 능력을 한정짓는 모습이 안타깝다. 무엇이 그 어린 아이들을 그토록 현실적으로 만들었을까? 누가 그들에게 잿빛 세상을 알려줬을까?

물론 부모님들은 항상 자녀를 사랑하는 마음에 가장 좋은 길을 제시해 주는 것이다. 하지만 그 선택이 평생 자녀를 괴롭힐 수도 있다. 우리는 이 사실을 알면서도 '내 자식만은…'이라는 심정으로 아이를 압박하곤 한다.

사십 대 중반의 D 씨는 잘 다니던 직장을 그만두었다. 하는 일이 고역이다 보니 회사에서 인간관계도 좋지 않았다. 칠 년을 견디고 견디다 회사에서 나온 그는 처음으로 해방감을 느꼈다.

하지만 그것도 잠시, 아내의 따가운 눈초리가 신경 쓰이기 시작했다. 모처럼 만의 휴식에 아이들과 여행을 가고 싶었지만, 바쁘게 살아온 나머지 아이들과의 관계는 소원해진 지 오래였다. 가정에서 그는 모두가 불편하게 여기는 존재라는 사실을 깨달았다. 자신이 무능해 보였고, 그래서 초라하게 느껴졌다.

잠시 누렸던 자유가 곧 구속이 된 것이다. 중년이 된 나이에 남은 것이 아무것도 없다고 생각하자 그는 우울증에 빠졌다.

계획보다 서둘러 새로운 직장을 찾아봤지만 마음에 끌리는 일이 없었다. 사실 그는 한 번도 무슨 일을 해 보고 싶다는 생각을 한 적이 없었다. 일찍이 진로를 탐색해 볼 시간도 없었다. 그의 엄마는 일찌감치 아들을 서울대학교 경영학과에 보낼 마음을 먹었기 때문이다. 죽어라 공부해서 그 목표를 이뤘지만 그것은 잠시 엄마의 마음을 뿌듯하게 했을 뿐, 자신의 행복이 되지는 못했다. 이제 그는 또다시 하고 싶지 않은 일을 찾아야 했다.

A 씨도 마찬가지로 회사가 견딜 수 없어 나온 사십 대 여성이다. 그녀는 오래전부터 우울과 불안을 앓고 있었다. 심해질 때는 공황장애 증상까지 와서 약물 치료를 한 적도 있었다.

직장 내의 치열한 경쟁과 여성 직원들 사이에서 벌어지는 알력이 그녀를 끝내 지치게 만든 것이다. 이십 개월 가까이 심리 치료를

한 그녀는 원래 회사로 돌아갔다. 오랜 우울과 불안을 걷어 내고 보니 그 일이 자신의 적성에 맞는 일이라는 것을 깨달은 것이다.

치료를 받을 정도로 심각한 사람의 이야기는 극단적인 사례라고 생각할 수도 있다. 그러나 치료를 필요로 할 정도의 단계에 와 있는 사십 대들이 많다는 점을 간과하면 안 된다. 크고 작은 문제가 계속 스트레스로 쌓이는데도 풀어낼 통로를 마련하지 못한 채 쌓고만 있었다면 누구라도 이렇게 될 수 있다.

우리나라 사람들은 너무 잘 참는다. 너무 잘 참는데 역설적이게도 실제로는 참지 못한다. 힘든 일이 생긴 상대방에게 "그런 일은 빨리 잊어버려"라고 쉽게 말한다. 실제로는 잊히지도 않고 참아지지도 않는데 그 조언대로 하지 않으면 아웃사이더가 될 것 같은 불안에 참는 척하는 것일 뿐이다.

과잉 일반화와 합리화는 우리나라 사람에게서 쉽게 볼 수 있는 방어기제인데, 자신도 그렇게 살아왔기 때문에 타인에게도 그렇게 살라고 생각 없이 조언하는 것이다. 참고 살아야 했기 때문에 남몰래 우울증을 앓고 있는 사람이 이렇게도 많고 자살률은 떨어지지 않는 것이다.

그러므로 힘든 감정은 참으면 안 된다. 참지 말고 풀어내야 한다.

건강한 욕구 충족이 필요하다

미국의 심리학자 매슬로Abraham Maslow의 '인간 욕구 5단계 이론'에 따르면, 인간에게는 피라미드 형태의 5단계 욕구가 있다. 각 단계의 조건이 충족되어야 위로 올라갈 수 있는데, 맨 아래에 있는 1단계는 '생리적 욕구'다. 먹고, 자고, 배설하는 등 생존에 가장 기본이 되는 요건들이 1단계에 속한다.

그 위에 있는 2단계는 '안전의 욕구'다. 생리적 욕구가 해결된 인간은 신체적, 경제적, 감정적으로 안전한 상태를 추구하게 된다. 이 상태가 충족되면 3단계 '사랑과 소속의 욕구' 단계로 올라간다. 홀로 살 수 없는 인간은 사회와 가정에서 사람들과 관계 맺길 원하며 그 속에서 의미를 찾게 된다.

4단계는 '존중의 욕구'다. 자기 자신과 타인으로부터 존중받고 인정받고자 하는 욕구를 뜻한다. 이 단계에 속하는 욕구 중 상위 욕구에는 자존감, 자신감 등이 있다.

5단계는 '자아실현의 욕구'다. 가장 높은 단계의 욕구로, 잠재력을 발휘해 자신의 성장을 이룰 수 있는 단계를 뜻한다. 내가 왜 존재하는지에 대한 답을 찾으려는 욕구 역시 이 단계에 속한다.

매슬로의 인간 욕구 5단계는 심리학, 마케팅 등에서 활용되고 있다. 하지만 과학적 검증이 어렵고 다소 그 경계가 모호하다는 비판을 받는다. 매슬로 역시 죽기 전에 이 이론의 한계를 지적한 바 있다.

그는 이론의 피라미드가 뒤집어져야 옳다고 말하며 맨 위에 있는 '자아실현의 욕구'가 인간의 가장 근원적인 욕구임을 인정했다. 물질이 풍족한 시대에는 자아를 실현하고자 하는 욕구가 삶을 사는 데 있어 중추적인 역할을 하게 된 것이다.

심리 치료의 마지막은 '자아실현의 단계'다. 우울증이 낫게 되면 자연스럽게 자아를 실현하고 싶은 욕구가 생기는데, 이때 많은 사람이 새로운 일이나 꿈을 찾기도 한다.

새로운 삶의 기회를 향해 나아가기

A 씨의 사례처럼, 현재 하고 있는 일이 힘들고 고통스럽다고 해서 자신과 맞지 않는 것은 아니다. 그런데 진심으로 자신의 일을 즐기게 된 그녀와 달리, 새로운 진로를 찾은 사람들도 많이 있다. 국내에서 대학원에 진학하거나 해외로 어학 연수를 떠난 사람, 심리상담학 공부를 시작한 사람, 미술 치료사 자격증을 얻은 사람 등 많은 사람이 새로운 길을 찾았다.

올해 딱 마흔이 된 P 씨는 갭이어를 갖기 위해 태국으로 봉사 활동을 떠났다. 이삼십 대보다는 다소 늦은 나이긴 하지만 그녀는 자신을 위해 용기를 냈다. 의외로 새로운 환경에서 생활하고, 새로운 사람을 만나는 일이 즐거웠다. 그곳의 소외된 아이들을 위해 음식을 만드는 일도 힘들지 않았다.

그녀는 자신이 그렇게 활동적이고 밝은 사람인 줄 그전까지는 알지 못했다. 한국에 있는 지인들은 그 나이에 직장까지 그만두고 떠나면 어떡하냐고 만류했지만 그녀는 후회하지 않았다. 그녀는 이 멀고 낯선 땅에서 비로소 자유를 얻었다. 돈 버는 기계였던 자기 자신이 더 이상 그곳에 존재하지 않았다. 갭이어를 마치고 한국에 돌아갈 생각을 하면 막막한 것도 사실이었다. 하지만 그곳에서 보낸 시간들이 앞으로 다가올 힘든 순간을 기꺼이 감당하게 해 줄 것이라는 믿음이 생겼다. 그녀는 이 여정에서 돈으로 살 수 없는 자기 자신에 대한 신뢰를 얻었다는 것을 깨달았다.

나의 절친 중 한 명은 마흔 중반에 남쪽의 한 섬으로 떠나 삼 개월을 살다 왔다. 몹시 부러웠지만 그 당시 나는 그럴 수 있는 상황이 아니었다. 그 친구는 초등학생이던 자신의 아들과 섬 생활을 즐기다 왔다. 그렇게 충전된 힘으로 그 이후의 삶이 더 풍성해졌다는 고백을 들은 적이 있다.

지금 뭔가 새로운 곳으로 떠나기를 망설이고 있다면 한번 시도해 보길 권한다. 이 시기는 다시는 오지 않는다. 한번 흘러가 버린 강물이 돌아오지 않듯이. 더 나이 들기 전에 가슴 설레게 하는 소망을 하나씩 이루어 보길 권한다. 용기가 필요하겠지만 나처럼 나이 들어 '그때 그랬으면 좋았을 걸…' 하고 후회하지 않길 바란다.

마음이 힘들어서 잠시 직장을 쉬게 되었다면 무력감에 빠지는 대신 공백을 기회로 삼을 수 있다. 세상의 기준에 맞춰야 했던 십 대나 이십 대와는 달리, 이제는 당신의 기준에 맞춰라. 무슨 일에 관심이 많은지, 어떤 공부를 해 보고 싶은지. 그 선택으로 '단 일 년만이라도' 아니 '한 달만이라도' 즐겁고 행복한 삶을 살 수 있다면 그 시간은 당신의 남은 평생을 받쳐 줄 자양분이 될 것이다.

나이에 발목 잡힌 꿈이 있다면

젊을 때는 꿈을 향해 전력 질주했다. 조금 길이 틀어져도 돌아갈 시간이 있어 괜찮았다. 하지만 어느새 그 시간들은 지나갔고 이 길이 맞는지 멈칫하는 나이가 되었다.

'지금 하는 일이 내가 원했던 일이었나? 이 일은 여전히 내게 맞는 걸까?'

주부라면 해 보고 싶은 일이 있어도 이미 너무 늦어 버린 게 아닌지 고민되는 시기이기도 하다. 하지만 현실적인 여건을 만들 수 있을 만큼 명확한 꿈이 있다면 시도해 보라고 조언하고 싶다. 그것이 공부든, 창업이든 생활을 전적으로 바꿀 만큼 위험한 것이 아니라면, 그리고 남은 삶을 더욱 빛나고 가치 있게 만드는 일이라면 시도해 볼 만하다. 무엇보다, 똑같은 고민을 오십 대나 육십 대에도 계속할 것 같다면 틀림없이 지금 자신에게 중요한 일일 것이다. 크게 일을 벌이는 게 두렵다면 학원을 등록하는 것처럼 작은 시도부터 해 보면 좋을 것이다.

시작이 반이라는 속담이 있다. 시작하기가 어렵지 막상 시작하고 나면 하게 된다. 자신의 인생을 풍요롭게 하는 것이라면 뭐든 시도해 보고 도전해 보자.

당장 직장을 그만두지 않더라도 제2의 인생을 위한 준비를 할 수 있다. 퇴근 후 공부를 하거나 자격증을 취득하는 것도 한 방법이다. 직장인들 대부분이 이직을 고려하는 것은 현재 자신이 하는 일이 적성에 맞지 않거나 대우가 좋지 않아서다.

어느 기간까지는 견디고 참을 수 있다. 그러나 평생 그 일을 할 자신이 없다면 뭔가 준비할 시간이 필요하다.

출근 전에 어학 학원에서 외국어를 공부하는 것도 자신을 성장시키는 한 방법이다. 요리가 즐겁다면 퇴근 후 요리 학원을 다니며 요리사 자격증에 도전해 보는 것도 좋다. 뭐든 자신의 적성에 맞는 것에 도전하면 삶에 활기가 생기고 즐거워진다.

사람은 희망과 꿈이 있으면 행복감을 느끼는 존재다. 무기력하게 있다가도 희망이 생기기 시작하면 어디서부턴가 없던 힘이 생긴다.

허무감의 문제

"저는 이 나이에 하고 싶은 게 없어요. 평생 살림만 해서 내가 뭘 할 수 있다는 생각도 안 들고요. 아이들도 학원 가느라 바쁘고 텅 빈 집에서 허송세월만 보내는 것 같아요. 이제 늙는 일만 남은 것 같고…"

"꽤 높은 직급까지 올라와 있지만 가족들 때문에 늘 마지못해 회사에 나갑니다. 이젠 일을 하고 싶은 의욕이 없어요. 남들은 이제부터 시작이라면서 젊을 때보다 더 열심히 달려가는데 난 왜 이런지 모르겠어요."

마흔이 넘었어도 열정적으로 이루고 싶은 꿈을 가진 사람도 있지만, 오히려 마흔이 되어 삶의 의욕을 상실하는 사람들도 있다. 그들에겐 자신에게 이후 남아 있는 사십 년 혹은 그 이상의 시간을 생각하면 삶이 더 큰 부담으로 다가온다. 마흔에 찾아온 허무와 무기력함은 더욱 자신을 힘들게 할 것이다. '무엇을 위해 여기까지 달려왔나' 하는 고민이 깊어지기 때문이다. 허무감을 느끼는 자기 자신조차 허무하게 여겨진다.

하지만 이런 반응은 이상한 것이 아니라, 마흔에 겪게 되는 다양한 어려움 중 한 가지 증상이다. 자신과 삶에 대한 한계를 느끼는 것이 꼭 나쁜 것은 아니다.

우리는 모두 각자의 한계 속에서 살아간다. 지구와 시간이라는 공통된 물리적 한계도 우리를 둘러싸고 있다. 인간이 단 한 번도 극복하지 못한 한계는 바로 죽음이다. 마흔은 아직 죽음과는 멀게 느껴지는 나이지만, 삶의 의욕을 잃은 사람들에겐 매 순간이 벼랑처럼 느껴질 수도 있다.

역사 속에서 인류 문명 발전의 원동력은 늘 인간의 욕망이었다. 고대와 중세에는 살아가는 데 필요한 절대적인 기준이 있었다. 그건 '신'이었다. 신을 믿고 섬기는 것이 가장 값진, 최선의 삶이었다.

근대의 기준은 '과학'이었다. 하지만 현대에 신이나 과학은 더 이상 그 역할을 하지 못한다. 여전히 그 기준으로는 인간의 궁극적 한계인 죽음을 넘어서지 못하기 때문이다.

절대적인 삶의 기준을 잃어버린 인간은 허무에 빠졌다. 현대 인류는 흔들리는 나이, 마흔에 도달한 것일까. 우리는 알게 모르게 각자의 허무를 갖고 있다. 그 허무를 극복하기보다는, 오히려 욕망하기도 한다.

자본주의 역시 다양한 상품과 미디어를 통해 적극적으로 허무를 부추기며 소비하게 만들고 있다. 현대 자본주의가 철학이나 종교와 달리 성공한 이유는 대중이 먹고 마시고 보는 것들이 진정한 '허무'임을 들키지 않는 고도의 전략을 지녔기 때문이다.

현시대가 낳은 악질적인 질병 중 하나가 '허무'다. 그러나 그것은 여러 매체를 통해 포장되고 찬양받는다. 허무를 잊기 위해 소비하고, 소비하면서 잊고 외면하려 한다.

허무를 극복하기 위해선 자신을 둘러싼 한계를 인식하고 삶 속에서 자신의 근거를 찾아야 한다. 그것은 종교가 될 수도 있고 사람이 될 수도 있으며, 새로운 꿈이 될 수도 있다. 혹은 단지 휴식이 필요할 수도 있다.

허무감에 빠졌을 때 주의할 점은 그런 감정에 빠진 자신을 외면하지 않는 것이다. 덮어 두고 방치하면 당장 눈에 띄지 않아 괜찮은 것 같지만 결코 그렇지 않다. 그 결과로 상처 받는 것은 자기 자신이다. 자신으로부터 자신을 소외시키거나 억압하지 말자. 허무감에 빠진 자신을 조금 가볍게 생각할 필요가 있다. 잠시 시간을 가지면 된다고 스스로를 달래 줄 필요가 있다.

2016년에 개봉한 영화 〈다가오는 것들〉에는 젊은 제자 파비앙과 그를 가르쳤던 철학 선생님 나탈리가 등장한다. 열정과 패기가 넘치는 파비앙과 달리 중년의 나탈리는 시종 삶에 지친 모습으로 묘사된다. 그녀는 남편이 외도를 고백하자 불같이 화를 내는 대신 "왜 그걸 말하는 거야? 그냥 끝까지 모르게 할 수도 있었잖아?"라고 냉담하게 대꾸한다.

절망적이고 지겨운 일상에서 벗어나기 위해 제자 파비앙이 친구들과 함께 있는 아지트에 간 나탈리는 젊음이 주는 활기 속에서 즐거운 시간을 보낸다. 하지만 나탈리는 세상을 바꾸기 위해 뜨거운 논의를 펼치는 젊은 청춘들 틈에서 점점 초라해져 가는 자신을 발견한다. 다혈질적인 성격의 파비앙은 사회 개혁에 대한 대화를 나누다가 어느새 기성세대가 된 나약한 선생님에게 실망해 모진 말을 쏟아 내고 만다. 그러자 나탈리는 담담하고도 슬픈 어조로 이렇게 말한다.

"급진성을 주장하기엔 난 너무 늙었어. 이미 젊었을 때 너처럼 다 해 본 것들이기도 하고. 난 변했어. 세상은 더 나빠졌지만. 나는 더 이상 혁명을 바라지 않아. 내가 가르치는 아이들이 스스로 생각하도록 돕는 것, 그게 내가 바라는 거야."

파비앙은 자신의 무례함을 사과하지만 방으로 돌아온 나탈리는 참았던 눈물을 쏟아 낸다. 물론 아끼던 제자에 대한 서운함이 컸겠지만 무엇보다 자신의 초라함, 나약함을 깨달은 데서 온 수치심의 눈물이 아니었을까. 무엇이 그녀를 그토록 초라하게 만든 것일까.

어느 것 하나 쉽게 변화시킬 수 없는 상황에서 우리는 한계에 부딪힌다. 그럴 때 잠시 허무감에 빠지는 것은 정상이다. 한 번에 그 한계를 깨부술 수 있는 방법은 없다. 나의 근거를 나에게서 찾을 수밖에 다른 방법은 없다.

영화 속에서 나탈리는 세상을 변화시키진 못했지만 평범한 아내, 엄마, 선생님으로 늘 그 역할에 맞는 책임감을 다하며 살아온 인물이다. 제자가 기성세대라고 공격할 때도 그녀는 위선적으로 굴지 않았다. 자신이 늙었고 변했다는 것을 솔직하게 인정했다. 비록 밤새 침대에서 눈물을 쏟았지만 다음 날 그녀는 한결 편안해진 얼굴로 다시 집으로 가는 기차에 오른다. 집으로 돌아온 그녀 곁에는 사랑하는 아이들이 있고 귀여운 손주가 있다. 가족 중 누구도 그녀의 슬픔을 전적으로 이해하지 못하고, 여전히 그 슬픔은 그녀 안에 가득하지만 동시에 그녀에겐 여전히 소소한 기쁨과 행복이 있다.

애써 강한 척하지 않는 그녀와, 그녀의 시간은 아름답다. 강함 대신 연약함으로, 열정 대신 그저 견딤으로 다가오는 모든 파도를 감내하기 때문이다. 그녀가 지닌 삶의 위엄은 그 무게만큼 가볍지 않으며, 이십 대의 젊음이나 삼십 대의 열정보다 더 아름답다.

균형 잡힌 삶을 위해서는 조금 위태로워도 흔들리며 중심을 잡는 것이 역설적으로 안전하다. 흔들리는 것과 마찬가지로 나약함 역시 부정적으로 여겨지곤 한다. 그러나 나약함은 숨길 땐 부끄러워지는 것이지만 드러내면 용기가 된다.

마흔의 당신은 젊었을 때보다 더 흔들리고 나약할지도 모른다. 누구도 해답을 줄 수 없기에 마흔은 힘든 나이다. 가장 혹독한 어둠에는 오로지 '나'만 남게 되기 때문이다. 하지만 당신은 이미 알고 있다. 삶은 끊임없이 어둠을 몰아내는 것이 아닌, 어둠의 일부를 안고 가는 것임을. 그러므로 깊은 성찰과 깨달음을 통해 다시 거듭날 수 있는 나이가 마흔이리라.

마흔은 바로 연약함, 허무감, 내 안에 있는 어둠을 견딜 수 있는 나이다.

허무감에서 벗어나는 나만의 방법 찾기

나도 때때로 일에 치여 살다가 문득 허무감이 파도처럼 밀려오는 것을 경험할 때가 있다. 그럴 때마다 나는 자리를 박차고 일어나 여행을 떠난다. 예전에는 한밤중에 내가 좋아하는 바다를 보기 위해 무작정 동해로 달려간 적도 있다. 파도 소리 가득한 바닷가의 모래사장을 맨발로 달리며 왔다 갔다 하다가 다시 현실의 자리로 돌아오면 다시 허무감을 뚫고 즐겁게 살아갈 수 있었다.

완전히 현재의 일에서 떠나기 위해 낯선 나라의 여행자가 되기도 했다. 낯선 문화, 낯선 땅의 이방인이 되어 보는 다른 나라로의 여행이 나의 허무감을 털어 내게 했다. 낯선 곳을 여행하며 느꼈던 불안은 익숙한 곳으로 돌아오고 난 후 감사의 마음을 불러일으켰고 새로운 힘을 불어넣어 주곤 했다.

이처럼 당신도 허무에서 벗어날 수 있는 자신만의 방법이 있을 것이다. 아직 없다면 상상으로 여기에 한번 적어 보길 바란다. 긴 인생을 사는 동안 단 한 번도 허무감 없이 살 수는 없다. 하지만 그 허무감을 방치하고 오래 묵히면 병이 된다. 그때마다 허무감을 덜어낼 수 있는 자신만의 방법을 찾아야 한다.

허무감에서 벗어나는 나만의 방법

1. ....
....

2. ....
....

3. ....
....

4. ....
....

5. ....
....

6장

마흔, 남은 인생을
어떻게 살아갈지에 대한
고민이 시작되는 나이

중년이라는 미래를 향해 달려온 소년, 소녀들은
허겁지겁 나이를 먹고 오늘 이 자리에 서 있지만 또 서둘러
어디론가 가려고만 한다. 살면서 우리는 대부분 초조해한다.
그저 있지 못하고 또 초조해할 먼 미래의 내가 되려고 발버둥 친다.
행복은 '잠깐 여기 있다는 것'을 간과한 채 말이다.

언제까지 일할 수 있을까

　새삼스럽지만 사십 대는 더 이상 '인생의 안정기'가 아니다. 우리는 나이가 들수록 더 겁이 많아지고 겁이 많아지는 만큼 끊임없이 안정을 추구한다. 그 막연한 안정을 추구하느라 정작 확실히 알고 있는 한 가지 사실을 놓친다. 인생에 확실한 안정기는 없다는 쓰라린 사실이다.

　사십 대에도 주거와 노후 생활비 등 경제적인 문제는 계속되고 있으며 고민도 더 깊어질 수밖에 없다. 이십 대나 삼십 대와 달리, 사십 대에는 이러한 고민들이 더 가혹하게 느껴질 것이다.

　청년 시기에는 아무리 힘들어도 미래를 위해 희망을 놓지 않았다. 미래에 대한 막연함도 설렘으로 느껴질 때가 있었다. 그러나 중년의 나이인 지금, 여전히 막연하고 불안해 보이는 미래는 더 이상 희망적으로 느껴지지도, 설레지도 않는다.

또한 청년 때 각자의 길로 흩어지던 주변 친구들의 모습과 현재의 내 모습 사이에는 이제 너무나 뚜렷한 차이가 생겼을 것이다. 노후 걱정 없이 안정적으로 사는 친구, 혹은 여전히 열정적으로 도전적인 삶을 사는 친구들과 내 모습을 비교해 보면 지금껏 살아온 시간에 대해 자괴감을 느끼게 될 수도 있다.

이런 상황에서 맞이하게 된 '백 세 시대'는 결코 반갑지 않다. 살아온 시간보다 더 많은 시간이 남아 있지만 그 시간을 무엇으로 채울지, 나에게 그런 열정이 아직 남아 있는지 확신할 수 없기 때문이다. 심지어 사십 대 중후반이 되면 회사에서도 내쳐질 수도 있는 냉담한 현실 속에서 우리는 그 시간을 어떻게 살아야 할까.

백 세 시대라는 말이 흔해진 지금, 노후의 생활비와 삶의 질에 대한 고민이 커지고 있다. 사오십 대까지 열심히 일해서 경제적인 문제를 해결한다 치더라도, 과연 삶의 질이 보장될지는 의문이다. 사회에서 더 이상 받아 주지 않는 나이가 되었을 때 우리는 어떤 일을 하며 삶의 가치를 느낄 수 있을까? 단지 경제적인 여건만 갖추고 있다면 그때의 삶은 저절로 살아질까?

목적과 의욕을 잃은 채 수명만 연장되는 삶은 진정한 삶이라 하기 어려울 것이다. 언제까지 일할 수 있을지 고민된다면 그 일

너머의 삶을 먼저 상상해 보자.

"더 이상 일을 할 수 없게 됐을 때 나는 어떤 삶을 살아야 할까?"

S 씨는 여전히 직장에서 능력을 발휘하고 있지만 마음속에선 불쑥불쑥 이런 질문이 올라왔다. 멀지 않은 미래에 안정적인 직장을 그만두게 될 날이 올 텐데 삶의 의욕이 사라져 버릴까 걱정이었다. 돈은 어느 정도 있다 해도 과연 지금처럼 안정적인 삶을 살 수 있을지 고민이 됐다. 큰일이 없는 한, 앞으로 오십 년을 더 살아야 할 텐데 꼭 그렇게 긴 수명이 인간에게 필요한지 마음이 심란했다. 요즘같이 경쟁이 심한 시대에 지금 회사에 붙어 있다고 해서 언제까지 안정적으로 다닐지도 모를 일이었다.

다른 회사에 재직 중인 그의 친구는 더 사정이 좋지 않았다. 얼마 전 구조조정에서 간신히 살아남은 친구는 불안감을 느껴 부업을 시작했다. 강남에서 과외를 시작한 것이다.

삶은 왠지 나이가 들수록 더 고달파지는 것 같다. 평생 자기 자신을 책임지며 살아야 하기 때문이다. 젊었을 땐 몰랐고 몰라도 됐던 여러 책임감을 알게 되면서 자유도 점점 줄어들었다.

현재 안정적인 직장에 다니고 있는 중년은 물론이고, 그렇지 못한 중년에게는 더더욱 마흔은 두려운 나이다. 단 하나의 명확한 답이 있으면 좋겠지만 우리 모두 그런 답은 없다는 걸 알고 있다. 그 답은 언제나 자기 자신만이 만들 수 있다. 그렇기에 나이들수록 내면의 힘은 중요하다. 경제적인 부분뿐 아니라 정신적으로도 삶을 붙들어 줄 수 있는 무언가가 필요하다. 내면의 힘은 바로 그 무언가를 찾아 줄 것이다.

가장 중요한 건 지금 이 순간이다 🛶

마흔의 시기에 도달하면 수많은 고민이 함께 오는 것이 자연스럽겠지만 가장 중요하게 받아들여야 할 것은 지금 이 순간의 소중함을 깨닫는 것이다. 생의 주기와 인간 발달단계 이론은 대폭 수정되어야 한다. 예전 이십 대나 삼십 대가 고민했던 것들을 마흔이 넘어서야 고민하는 사람들이 많아졌기 때문이다.

'언제까지 일할 수 있을까'에 대한 고민에 함몰되기보다는 지금 현재 할 수 있는 일을 하며 기쁨을 누리는 것이 필요하다. 너무 멀리 보기보다는, 혹은 다른 사람에 비해 아직도 안정을 누리지 못한다고 생각한다면, 더욱더 현재가 중요하다.

지나온 시간 중에 단 한순간도 중요하지 않은 시간은 없었다. 또한 현재의 시간도 중요하며 강물이 순리대로 흘러가듯 시간은 미래로 우리를 데려다 놓을 것이다. 고뇌가 많은 사람은 대체로 과거의 시간에 묶여 산다. 과거의 시간 중 잘못 살았던 순간을 되뇌며 괴로워한다. 그럴 필요 없다.

과거의 시간은 성찰의 계기로 삼으면 된다. 아픈 순간은 치유하고 잘못된 실수는 현재 삶의 밑거름으로 삼아 조금씩 나아지면 된다. 과거의 시간을 점검하는 것은 현재를 위해서라는 점을 명심해야 한다.

현재의 시간을 순간순간 잘 살아 내면 그 시간들이 여물어 미래를 만든다. 고민만 하고 있는 사십춘기의 마흔들은 더욱 이 말에 귀를 기울여야 한다. 사춘기 시절에는 공부만 하라는 어른들의 성화에 생각할 틈도 없이 힘들게 공부만 해야 했을 것이다. 그 시기에 꿈을 명확히 품고 살았던 사람들은 지금 이런 고민도 필요하지 않을 것이다.

퇴직 이후의 시간들

회사 업무에 지쳐 있던 사람이라면 퇴직 이후의 시간이 소중하고, 한편으로는 반갑게 여겨질 수 있다. 그동안 하지 못했던 여행을 떠나거나 독서나 운동 같은 여가 생활을 즐길 수 있기 때문이다. 회사 일에 치여 그간 소홀했던 가족 관계를 회복하는 데 힘을 쏟을 수도 있다. 하고 싶었던 분야의 공부를 할 수도 있고, 재취업을 위한 충전 시간을 가질 수도 있다. 이 시간이 지나면 또 다른 미래에 대한 걱정이 찾아오겠지만, 그때까지는 충분한 여유가 남아 있다고 생각해 이 순간을 충실하게 즐길 수 있다.

하지만 갑작스런 퇴직이나 실업의 처지에 놓인 사람들에겐 문득 시간이 공허하고 불안하게 느껴질 것이다. 서둘러 다른 일을 찾아야 한다는 압박감이 들거나 가족과 주변 시선에 부담을 느껴 훨씬 더 불행한 시간을 맞이할 수 있기 때문이다. 그래서 자신의 경력과 관련된 일을 찾아 다시 취업 시장에 뛰어들지만, 이삼십 대 청년들에게도 제대로 된 일자리가 주어지지 않는 현실 속에서 재취업의 기회를 얻을 수 없어 좌절하는 중년들이 많다. 일자리를 놓고 경쟁하는 이러한 양상은 세대 간의 불화를 가져와 사회적 문제로까지 번지고 있다.

퇴직과 재취업의 문을 두드리는 동안 중년의 마음은 청년들이 겪는 좌절보다 더 심할 수도 있다. 그들에게는 쌓아 온 경력과 지나온 시간이 있고 그 시간을 함께한 가족이 있기 때문이다. 재취업에 성공하더라도 '평생직장'의 개념이 사라져 가는 시대에 앞으로 자신과 가족들을 어떻게 이끌어 가야 할지 고민이 깊어질 수밖에 없다.

어느 날 갑자기 주어진 무한한 시간 안에서 길을 잃은 중년들에게는 그들에게 용기를 줄 선생님도, 순수한 친구도, 혹은 따뜻한 위로를 건네는 가족마저 없을 수 있다. 그렇게 되면 중년이라는 외로움에 갇혀 스스로를 패배자로 느끼기 쉽다. 지금까지 나름대로 돈을 벌고, 경력을 쌓았지만 결국 인생에서 실패한 듯한 자괴감에 휩싸이는 것이다. 십 대에는 대학 진학을 위한 공부를 하고, 이십 대에는 꿈과 취업을 위해 노력하고, 삼십 대에는 성공한 사십 대를 꿈꾸며 달려왔다. 그렇다면 사십 대는 무엇을 위해 달려가야 할까? 이 질문에 명쾌한 답을 알려 주는 선생님은 이제 없다. 섣부른 위로는 오히려 안 하느니만 못한 독이 될 수 있다. 그러나 방황하는 중년에게도 돌파구는 반드시 있다.

미국의 유명 토크쇼 진행자 코넌 오브라이언Conan O'Brien은 하버드대학교 출신으로 〈SNLSaturday Night Live〉, 〈심슨 가족〉 작가 등의 여러 경험을 쌓으며 승승장구했다.

이후 그는 미국의 3대 방송사 중 하나인 NBC에서 〈코넌의 레이트 나이트 쇼〉를 16년 동안 진행했다. 그는 수많은 미국 코미디

언들의 꿈인 〈투나잇 쇼〉의 호스트가 되길 원했고, 2009년에 드디어 그 꿈을 이룰 기회를 얻게 됐다. 당시 〈투나잇 쇼〉를 진행하던 제이 레노와 방송국이 5년 뒤 그 자리를 코넌에게 주기로 약속한 것이다.

이때까지는 누구도 그의 눈부신 성공이 무너지리라 예상치 못했다. 코넌은 그토록 원하던 〈투나잇 쇼〉의 진행자가 됐지만, 낮은 시청률로 방송국을 실망시켰다. NBC 방송국은 시청률을 회복하기 위해 제이 레노의 쇼를 밤 열한 시로 옮기면서 바로 뒤에 이어지는 코넌의 〈투나잇 쇼〉를 자정이 지난 시간으로 밀어내 버렸다.

〈투나잇 쇼〉에서 하차했을 뿐 아니라 방송을 은퇴하겠다고 선언했던 제이 레노의 쇼를 코넌의 〈투나잇 쇼〉 시간대에 방송하면서 코넌의 프로그램은 '투나잇'이 아닌 그다음 날로 밀려 버린 것이다.

16년 동안 몸담았던 곳에서 한순간 배신을 당한 코넌의 충격과 수치심은 엄청났을 것이다. 당시 수많은 사람들이 NBC와 제이 레노를 비난하며 방송사 앞에서 시위했지만 결국 코넌은 부당한 처사로 인해 방송을 그만둬야 했다.

방송국은 그에게 돈을 주며 '침묵 계약'에 서명할 것을 요구했다. 계약서에는 다른 방송사의 진행자를 맡지 않는다는 조건이 걸려 있었고 코넌에게 다른 선택권은 없었다. 공식적으로, 또 공개적으로 잔인하게 해고당한 코넌은 〈투나잇 쇼〉의 마지막 방송 클로징 멘트를 이렇게 남겼다.

> 여러분, 저는 이 순간이 행복하게 남아야 한다고 생각합니다. 여러분께 딱 한 가지 부탁드릴 게 있어요. 특히 지금 시청하고 있는 젊은이들에게 간청합니다.
> 제발, 시니컬해지지 마세요. 저는 냉소를 증오합니다. 그건 아무런 도움이 되지 않아요. 자신이 얻을 거라 생각했던 걸 다 얻는 사람은 이 세상에 없어요. 하지만 여러분이 정말로 열심히 일하고 친절을 베푼다면, 반드시 놀라운 일이 일어날 겁니다. 잊지 마세요. 놀라운 일이 일어날 겁니다. 정말입니다. 제 말을 믿으셔도 돼요.

평생의 경력이 짓밟힌 상황이었지만, 그는 자신의 실패로 인해 낙심하는 사람들에게 진실한 위로의 말을 건넸다. 코넌의 신사적이고 품위 있는 행동에 많은 시청자들은 감동했다.

어느 방송국에도 가지 못한 채 실업자가 된 코넌은 2010년, 서른 개 도시를 돌며 '웃음이 법적으로 금지된 투어'라는 이름으로 순회공연을 열었다. 이 공연은 '침묵 계약'으로 인해 TV에서 방영될 수 없었다.

그럼에도 불구하고 코넌은 이 기간 동안 트위터 계정을 만들어 팬들과 적극적으로 소통했고 공연을 홍보했다. 가는 곳마다 이천 명이 넘는 팬들이 따랐고 공연은 성공적이었다. 그는 정상의 자리에서 내려와 다시 우스꽝스러운 복장으로 춤을 추고, 기타를 치며 노래를 하고 스탠드업 코미디를 했다.

그러나 그 기간 동안의 모습을 담은 다큐멘터리인 〈코넌 오브 라이언 캔트 스톱〉에서 코넌은 팬들의 열광적인 환호에도 불구하고 무대 뒤에서 시체처럼 멍하게 앉아 있거나, 준비되지 않은 스텝들에게 날선 모습을 보이기도 했다. 그의 얼굴은 순간순간 처절하고 비참하게까지 보였다.

하지만 코넌은 어느 때보다 처참한 순간을 정면 돌파했고 스스로에게 "나를 절망에 빠트린 구덩이에서 빠져나온 거예요"라고 말해 주었다. 아직 '침묵 계약'은 끝나지 않았고 그 어느 것도 그의 기대에 미치지 못했음에도 불구하고 말이다.

코넌은 2011년 다트머스대학교 졸업 축사에서 자신이 겪은 실패는 "재앙"과 같은 것이었지만 "그 일 년이 가장 만족스럽고 재미있는 한 해였습니다"라는 뜻밖의 고백을 했다.

어떻게 그럴 수 있었을까요? 가장 걱정하던 일이 실제로 일어나는 것만큼 우리를 더 자유롭게 만드는 것은 없습니다. … 스물두 살에 당신이 정한 진로 계획은 서른두 살이나 마흔두 살에 그대로 있지 않을 것입니다. 우리의 꿈은 끊임없이 진화합니다. … 중요한 것은, 이상향에 도달하는 데 실패함으로써 우리는 결국 스스로가 누구인지 정의하게 되고 그 실패가 우리를 특별한 존재로 만든다는 것입니다. 쉽지 않겠지만, 그 실패를 받아들이고 잘 다루기만 한다면 실패는 완전히 새롭게 태어나기 위한 계기가 될 수 있습니다.

코넌은 현재 TBS 방송국에서 〈투나잇 쇼〉가 아닌 자신의 이름을 딴 〈코넌 쇼〉를 진행하고 있다. 한국에서도 많은 인기를 얻어 네티즌으로부터 (고난을 많이 겪었다는 뜻에서) '김고난'이라는 애정 어린 별명을 얻기도 했다.

이 장황한 코넌의 이야기를 하는 이유는 우리에게 시사하는 바가 크기 때문이다. 흔들리는 마흔인 당신에게도 중요한 깨달음을 줄 것이다. 외부로부터의 방해가 아무리 심하고 계속되어도 당신을 중단시킬 수는 없다.

중년이 겪을 수 있는 실패의 종류는 돈, 건강, 인간관계, 바닥난 자신감 등 무수히 많다. 그때 우리가 느낄 패배감은 살아온 무게만큼 무거울 것이다. 숨을 쉴 수 없을 만큼 우리의 몸을 짓눌러 꿈짝할 수 없게 만들 수도 있다. 우리를 패배자로 몰아가는 그것이 무엇이든지 간에, 실패는 전혀 다른 기회가 될 수 있다. 실패가 우리를, 우리의 남은 인생을 만든다고 해도 과언이 아닌 셈이다.

인생은 고정적이지 않다. 코넌의 말처럼, 지금 당신의 모습은 이십 대 때 꿈꾸었던 그대로가 아닐 것이다. 크고 작은 실패와 고난으로 이리저리 변형되고 적절히 조정되며 지금의 당신이 있는 것이다. 비록 자신이 꿈꾸던 높은 기대치에 다다르지 못했더라도, 당신의 실패는 꽤 잘 살아온 지금의 당신을 만들었다. 따라서 젊은 날 그토록 불안했던 당신의 실패는 사실 '안전'한 것이었다. 그리고 지금도 마찬가지다.

중년뿐 아니라 청년들도 가장 안전한 길인 '공무원'이 되기 위해 치열하게 경쟁하고 있지만, 어느 시기 어느 곳에서나 '실패'라는 위험은 도사리고 있다. 그 실패가 나에게 닥칠까 전전긍긍하지만 결국 그 실패는 계속해서 당신을 새롭게 만들어 나갈 '안전한 실패'일 것이다. 마흔의 중년기를 맞은 당신에게 스스로 가장 걱정하던 일이 벌어졌다면 좌절 대신 코넌의 말을 떠올려 보길 바란다. 지금 당신에겐 그 어느 때보다 큰 자유가 주어진 것이라고.

하고 싶었던 일들을 실행해 보기

　사십 대가 된 지금 내가 하고 싶은 것은 무엇일까? 만약 그것이 이십 대 때 꿈꿨던 일과 같다면, 오십 대에도 여전히 그 꿈을 그리워하고 있지 않을까? 때때로 이런 질문이 앞으로 나아가려는 우리의 발목을 자꾸만 붙잡는다.

　'이러다 후회하지 않을까? 후회하게 될 거야. 봐, 결국 후회하고 있잖아.'

　후회의 악순환을 끊기 위해선 용기만 조금 있으면 된다. 머릿속에 뭔가 하고 싶은 일들이 복잡하게 떠오른다면 책상에 앉아 차분히 종이에 적어 보자. 쓸모없다고 생각되거나 쑥스러워서 한 번도 쓰지 않았던 버킷리스트를 작성해 보는 것이다. 나이가 들수록 하고 싶은 일을 적는 것은 왠지 쑥스럽다. 초등학생이 삐뚤삐뚤한 글씨로 장래희망을 적는 것처럼 느껴지기도 한다. 하지만 행복을 위해 우리는 자주 어린아이가 되어야 한다.

　수명을 백 세로 가정했을 때 육십 세 은퇴 후 남는 시간은 이십만 시간에 이른다고 한다. 이십만 시간은 어린아이가 되기에 충분한 시간이다. 또 하고 싶은 일을 마음껏 계획할 수 있는 선물이다. 은퇴를 앞둔 사오십 대의 버킷리스트에는 여행이나 봉사 활동 등이 대부분을 차지하는데, 여행이나 봉사 활동이 너무 거창하게 느껴진다면 삶을 천천히 변화시킬 소소한 것부터 시작할 수 있다.

예를 들어 '저녁에 라면 먹지 않기' 혹은 '한 번쯤 야식 시켜 보기'가 될 수도 있다. '한 달에 두 번 영화 보기'나 '오늘은 다른 사람들과 나를 비교하지 않기', '시간 내서 맛집 가기'도 훌륭한 계획이다.

중년이라는 미래를 향해 달려온 소년, 소녀들은 허겁지겁 나이를 먹고 오늘 이 자리에 서 있지만 또 서둘러 어디론가 가려고만 한다. 살면서 우리는 대부분 초조해한다. 그저 있지 못하고 또 초조해할 먼 미래의 내가 되려고 발버둥 친다. 행복은 '잠깐 여기 있다는 것'을 간과한 채 말이다.

아무리 사소한 것이라도 버킷리스트에 써 놓고 실행해 보자. 그리고 한 줄씩 지워 나가자. 아주 사소하지만, 지금 살아 있다는 이 굉장한 사실을 느껴 보자.

제2의 일을 하는 경우 🚲

2016년 한국고용정보원은 '은퇴 후 도전해 볼 만한 직업 서른 가지'를 소개했다.

첫 번째로 '틈새 도전형'은 그동안 쌓은 직장 생활 경험을 기반으로 특정 분야의 교육과정을 거쳐 재취업 및 창업을 할 수 있는 직종을 뜻한다. IT, 무역, 출판계 등에서 경력을 쌓았다면 그 전문성을 살리는 방향으로 길을 개척할 수 있다.

'사회 공헌·취미형'은 방과후 교사, 마을 벽화 봉사 등 사회에 기여할 수 있는 취미형 직업을 의미한다. 수익은 낮거나 없을 수 있지만, 내가 누군가에게 도움이 된다는 기쁨은 삭막한 삶에 새로운 활력과 의미를 줄 것이다.

마지막으로 '미래 준비형'은 향후 전망이 기대되는 새로운 직업을 말한다. 지금은 없지만 앞으로 교육 수료 및 자격증을 통해 미래 산업을 개척할 수 있는 분야에 도전할 수도 있다. 그러기 위해서는 먼저 자신의 관심사와 미래의 직업이 연결되는지 면밀히 탐색해 보고 전문가의 조언이나 교육을 받는 것이 중요하다.

자신이 어떤 유형에 속하든지, 그동안 사회와 인생에서 쌓아온 경력은 사라지지 않고 어떤 방식으로든 도움이 될 것이다. 혹은 뒤늦게 새로운 전공으로 대학에 입학하거나, 부동산 개업을 위해 공부를 시작한 사람들도 적지 않다. 또는 지역사회 봉사 활동을 시작하면서 새로운 삶이 시작됐다고 말하는 사람들도 있다.

남을 돕는다는 것

세상에는 범죄와 증오, 혐오, 불안과 분노가 넘쳐나지만 동시에 곳곳에 사랑이 존재한다. 모든 사람에게 충분한 자원과 부가 주어진다고 해도 사랑이 없다면 그보다 더 삭막한 곳은 없을 것이다. 9.11 테러에 희생당한 사람들이 죽음을 앞두고 남긴 메시지는 전부 사랑에 관한 것이었다.

바르셀로나 테러 당시 돌진하는 차량으로부터 아이를 구하고 희생한 아버지나, 최근에 발생한 라스베이거스 총기 난사 때 얼굴도 몰랐던 여성 두 명을 자신의 몸으로 감싼 시민 등 우리는 참혹한 현실 속에서도 때로 위대한 사랑을 보여 주는 사람들을 발견한다. 사실은 언제나 어디에나 있는 사랑을 발견하는 것이다.

우리는 알게 모르게 다른 사람들을 도와주기도 하고 도움을 받으며 살아가고 있다. 도움과 친절, 배려는 사랑의 또 다른 모습이다. 내가 대학교에 입학했을 때 첫 수업에서 들었던 교수님의 말이 잊히지 않는다.

"여러분이 지금 이 자리에 앉아서 공부할 수 있는 건 우리가 알지 못하는 수많은 사람들의 도움이 있었기 때문입니다."

교수님은 자신이 학생 신분으로 그 자리에 앉아 있을 때 똑같이 그 말을 들었다고 했다. 이 자리에 앉기까지 자신의 노력이 전부인 것 같지만, 사실은 수많은 사람의 노력과 도움, 사랑이 있었다는 뜻이다. 교수님은 학생 스스로 자신을 존중하고, 자신이 선택한 학문을 존중해야 한다고 말씀하셨다. 그리고 앞으로 어떤 상황에서도 스스로를 결코 하찮게 생각하지 말고 이후에 이 같은 도움과 사랑을 베풀어야 한다고 강조했다.

사랑의 스펙트럼은 무한하다. 가족과 연인에 대한 사랑, 이웃과 선생님, 친구를 향한 사랑, 키우는 강아지나 고양이에 대한 사랑 등 다양한 사랑이 존재한다. 또 전혀 알지는 못하지만 사회에서 소외된 사람들을 위해 자발적으로 베푸는 숭고한 사랑도 있다.

봉사는 개인이나 단체가 지역사회, 국가, 인류 사회를 위해 대가 없이 자발적으로 시간과 노력을 제공하는 것을 뜻한다. 즉 봉사 활동은 순수한 자기 의지를 발휘하여 베푸는 행위다.

인터넷에 '1365 자원봉사포털'을 검색하면 지역 자원 봉사에 대해 자세한 정보를 알 수 있다. 시청에서 하는 무료 급식이나 어린이 혹은 어르신들에게 동화책을 읽어 주는 봉사, 장애학생 체험 학습 동행 등 자신의 재능과 상황에 따라 베풀 수 있는 봉사가 많이 있다.

우리는 다른 사람을 도와주면서 오히려 자신의 삶에 깊은 도움을 받았다고 말하는 사람들을 보곤 한다. 이처럼 시간과 힘을 들여 다른 사람을 돌보는 것은 타인뿐 아니라 자신의 지친 마음을 치유하고 다독이는 계기가 될 수 있을 것이다.

노후를 위한 준비 🌼

몸과 마음이 편안하고 건강한 노후를 위해서는 지금부터라도 마음과 몸의 건강을 챙기는 것이 중요하다. 또 젊은이 못지않은 비전을 갖는 것도 좋다.

몸을 위해서는 먼저 식이 조절을 하고, 적절한 운동을 하고 책을 읽는 등의 작은 노력을 실천해 보자. 시시한 노력 같지만, 막상 하려면 마음이 잘 따라 주지 않는 것들이다. 사십여 년 동안 나를 지탱해 주고 안전하게 지켜 준 몸을 잘 돌보는 것은 중요하다. 사소한 부분이라도 나를 존중하는 마음으로 챙기고 돌보아야 한다.

다음으로 흔들리는 마흔의 마음은 이 책에서 가장 관심을 기울이는 주제로, 전 내용을 관통하고 있다. 자기 관리를 철저히 하는 사람이라면 신체에 신경을 쓰는 것만큼 마음에도 관심을 갖길 바란다. 힘든 일이 생겼을 경우, 가벼운 문제라면 마음이 맞는 친구에게 속 이야기를 털어놓아도 좋고, 몇 번의 심리 상담을 받는 것도 도움이 될 것이다.

그저 안정적인 노후를 보내기보다는, 젊을 때 시도하지 못했던 새로운 활동을 하는 것도 정신 건강에 도움이 될 수 있다.

내 친구는 얼마 전부터 카페에 앉아 시를 쓰기 시작했다. 어렸을 때부터 글짓기를 잘했던 그녀는 여가 시간이 생길 때마다 시를 쓰며 마음의 안식을 찾는다. 다른 친구는 중년 합창단에 들어가 마음껏 노래로 스트레스를 풀기도 한다. 가장 멋진 친구는 여행을 즐기는 친구다. 그녀는 최소 한 달, 길게는 반년 넘게 전 세계를 다닌다. 청춘처럼 배낭을 메고 그리스, 몽골, 스위스, 이탈리아 등 여기저기 다니며 외국 친구들을 사귀는데, 그 자유로운 모습이 정말로 멋있어 보인다.

그녀에게 노후에 대한 걱정은 큰 의미가 없다. 생활이 풍족하진 않지만 아직 그녀에겐 건강한 신체가 있고 멋진 풍경을 보고 설레는 가슴이 있기 때문이다. 그 모습을 보며 느낀 것은 먼 미래의 노후 걱정보다는 현재의 의미 있는 삶이 중요하다는 사실이었다. 현재를 잘 살지 못하는데 노후에 잘 살 거란 보장이 없다. 노후 걱정을 중지하고 현재를 즐겁게 살자.

우리는 십 대 때 이십 대의 삶을 걱정하고 이십 대에는 삼십 대를, 삼십 대에는 마흔 이후를 걱정한다. 그리고 마흔이 넘으면 벌써부터 노후를 걱정하느라 정작 제대로 삶을 살지 못하는 것 같다. 마치 끝내주는 바다 풍경을 앞에 두고도 그 다음 목적지를 고민하는 여행객 같다. 그 고민이 아주 쓸모없는 것은 아니지만, 우리는 좀 더 현재를 즐길 필요가 있다. 현재를 압도할 만큼의 걱정은 사실 존재하지 않기 때문이다.

내일 일어날 일의 전부를 오늘 고민하는 것은 어차피 불가능하다. 내일이 되면 또 내일 치의 걱정과 고민이 쌓일 것이다.

미래에 대한 고민이 불쑥 찾아오면 그 마음을 한번 털어 버리면 어떨까. 가족이나 친구가 한 농담에 웃음이 나면 '아, 이것도 행복이지' 하며 그 순간을 가지길 바란다. 몸이 뻐근하면 스트레칭을 하듯, 가볍게 마음의 근육을 풀어 보길 바란다. 그렇게 한결 가벼워진 마음은 현실의 무거운 짐을 들어 줄 것이다.

자신만의 버킷리스트 작성해 보기

아무리 사소한 것이라도 꼭 해 보고 싶었던 일들을 써 놓고 실행해 보자. 그리고 한 줄씩 지워 나가자. 아주 사소하지만, 지금 살아 있다는 이 굉장한 사실을 느껴 보자.

1. ---

----

2. ---

----

3. ---

----

4. ---

----

5. --

----

6. --

----

7. --

----

8. --

----

9. --

----

10. --

(혹시 열 가지보다 더 많다면 계속 적어 보자.)

7장
❧

마흔, 예전 같지 않은
건강과 미모가
신경 쓰이는 나이

나이 들고 있음을 받아들이는 것은
수동적으로 수용하거나 비관하는 것이 아니라,
그 허무를 적극적으로 삶 속에 끌어안고 가는 것이다.
그러기 위해선 용기가 필요하다. 가식 없이 내 모습
그대로를 받아들이려는 순수한 용기가 필요한 것이다.

나는 건강한가?

『동의보감』에는 "마흔 살 전까지 함부로 살면 마흔 살 넘어서 온갖 병이 벌떼처럼 일어난다"는 말이 있다. 비만, 고혈압, 알코올성 치매, 고지혈증 등과 같은 질병은 잘못된 생활 패턴이 오랜 기간 지속되어 몸이 보내는 신호다. 그동안 '젊음'이라는 이유로 덮어 둘 수 있었던 이런저런 병이 어느 날 크게 터져 버릴 수도 있다. 평소 나쁜 식습관이 있다면 적극적으로 고치고 개선 방향을 모색해야 할 때이다.

하지만 꼭 특정한 병이 아니더라도 마흔이 되면 예전 같지 않은 체력에 문득 '아, 내가 늙었구나'라는 생각이 들 때가 있다. 뭔가 깜빡한 일이 생기면 예전 같으면 '바빠서 잊어버렸네'라고 생각하지만 왠지 이 나이가 되면 '혹시 치매의 초기 증상은 아닐까?' 하는 두려움이 생긴다.

인터넷 뉴스만 봐도 사십 대 이후부터 발생할 수 있는 대사장애, 유방암, 각종 염증 질환들이 넘쳐난다. 건강에 대한 과도한 걱정을 부추기는 정보들이 날마다 쏟아지고 있다. 건강 관련 프로그램이나 기사를 보면 누구나 한 번쯤 쓸데없는 걱정이라고 생각하면서도 어쩐지 그냥 지나치기에는 찝찝한 기분을 느껴 본 적 있을 것이다.

특히 TV 홈쇼핑을 보면 불안이 올라온다. 수많은 쇼호스트들은 안 먹으면 큰일 난다고 하며 각종 건강식품들을 팔고 있다. 거기 나오는 건 다 사 먹어야 할 것 같다. 안 먹어서 이런 병에 걸리면 어쩌나, 더 살이 찌면 어쩌나 하는 걱정이 생기기 때문이다.

치매, 고혈압, 당뇨, 파킨슨병 등 어렵고 생소한 병일수록 불안감이 쌓인다. 좋은 걸 먹고 스트레스를 받지 않으면 건강에 좋다는 사실은 다 알고 있지만 주위에서 뭐가 좋다고 부추기면 금세 귀가 얇아져 이것저것 사 먹게 된다. 여전히 주변에서 들려오는 말에 휩쓸리는 내가 정말 '불혹'의 나이인지 의문이 든다.

신체 건강을 확인하기 위해 기본적으로 자가 체크할 수 있는 것들이 있다. 최근 몸무게 변화가 있는지, 생리가 규칙적인지, 위 질환이 있는 건 아닌지, 입맛은 어떤지, 얼마나 적절한 수면을 취하는지 등을 확인해 보자.

　많은 전문가들이 사십 대 이후의 건강관리가 앞으로 남은 건강을 책임질 만큼 중요하다고 입을 모아 말하고 있다. 본격적으로 노화가 빠르게 진행되는 시기이기 때문이다. 건강한 삶을 위해서는 좋은 식습관과 생활 습관을 유지하고 더 적극적으로 활동해야 한다. 운동을 하면 혈액순환에 도움이 될 뿐 아니라 근육량이 늘어 노년기에 쉽게 발생할 수 있는 뼈 질환을 예방할 수 있다. 가장 중요한 것은 현재 나의 몸 상태를 파악하고 정기적으로 건강 검진을 받는 것이다. 여기저기 몸이 아픈 곳이 있어도 귀찮다는 이유로 그러려니 하며 지나치지 않아야 한다.

　건강에는 신체 건강뿐 아니라 정신 건강도 포함된다.

　2017년 헤럴드 경제 기사에 따르면, 사십 대는 '공황장애'를, 오십 대는 '불안장애'를 앓고 있는 사람들이 많다는 것을 알 수 있다. 또 조울증과 우울증 환자 수도 다른 세대에 비해 사오십 대에서 높았다.

> 2016년 기준 40대 공황장애 환자는 전체 환자 13만 명의 4분의 1에 해당하는 33,540명이었고 조울증 환자는 16,231명이었다. 50대 불안장애 환자는 전체 61만 명의 5분의 1에

해당하는 127,442명이었고 우울증 환자는 124,639명으로 집계되었다.

공황장애 환자 비율은 40대(25.4%)에 이어 50대(21.7%), 30대(18.4%) 환자 순으로 30~50대 환자가 전체 환자의 66%를 차지했고 조울증은 40대(18.8%)에 이어 30대(17.4%), 50대(17.0%) 순으로 총 환자 수의 절반을 넘었다.*

우리 사회의 중심이자 기둥 역할을 한 사십 대, 오십 대의 중년들이 심리적 재앙을 겪고 있는 상황은 무척이나 심각하다. 중년의 정신적 불안, 스트레스는 고스란히 가정에 스며들게 되고 이후 세대에까지 영향을 미칠 수 있다.

무엇이 중년의 마음을 병들게 했을까? 혹시 자신도 모르는 사이 직장과 자녀에 대한 걱정으로 마음을 돌보는 데 소홀하지 않았는가?

* 「헤럴드경제」 2017. 10. 24. "2017 국감: 40대는 '공황장애', 50대는 '불안장애' 환자 많아"(http://biz.heraldcorp.com/view.php?ud=20171024000480).

몸과 마음의 건강은 이어져 있다 ⛵

2015년 매일경제 기사에 따르면 스트레스, 우울, 불안이 건망증을 부른다고 한다.

> 건망증은 일상생활에서 40·50대 이상 중·장년층과 고령층이 자주 경험한다. 건망증은 개인차가 크고 우울증이나 불안신경증, 불면증, 폐경 후 증후군 등 질환을 가진 중년 이후 주부, 기억할 게 많고 걱정거리가 많은 중년 남자에게서 자주 나타난다. 술, 담배를 많이 할수록 건망증이 더 자주 생기는 것으로 알려져 있다. 치매 전 단계가 아닌가 하는 두려움 때문에 병원을 찾아 검사를 받아 보면 대개 '스트레스성 건망증'이라는 진단을 받는다.**

해당 기사에서 김범태 순천향대 부천병원 신경과 교수는 건망증에 대해 "나이가 들수록 신경세포의 시냅스와 수용체 수가 줄어 신경전달물질 양이 줄어든다"고 설명했다. 깜빡 잊는 실수에

** 「매일경제」 2015. 8. 7. "스트레스와 우울·불안한 심리가 건망증 부른다"(http://vip.mk.co.kr/news/view/21/20/1307577.html).

는 역시 '나이'가 중요한 원인 중 하나임을 알 수 있다.

폐경이 찾아와 갱년기에 접어든 여성들이 있다. 보통 오십이 넘어야 폐경인데 마흔 초반에 폐경을 맞이하는 여성들이 의외로 많다. 마흔 중반의 한 내담자는 최근 자궁근종을 발견해 병원에서 수술을 받았다. 마흔 후반의 한 여성은 유방암 수술을 받았으며 또 한 사람은 갑상선 수술을 받았다.

이처럼 중년에 건강을 챙기는 것은 매우 중요하다. 내가 먼저 챙기지 않으면 몸이 늘 먼저 경고를 주기 때문이다.

한편 각종 미용에 신경 쓰는 중년 여성들도 많이 있다. TV에서는 중년 여성 시청자들을 대상으로 누가 '덜' 사십 대 같은지, 조금이라도 '덜' 나이 들어 보이는지 맞추는 프로그램을 흔히 볼 수 있다. 밤낮으로 어떤 화장품 크림을 써야 하는지, 어떤 팩이 좋은지 강조하며 동안만이 살 길인 것처럼 떠들어 대는 소리를 듣게 된다.

나이에 맞게 보이는 것을 이 사회와 주변 사람들은 허락하지 않는다. 동안이 미의 기준이 된 지금, 오 년, 십 년은 젊어 보여야 한다. 그렇지 않으면 중년에도 자기 관리를 못하는 사람으로 낙인찍히고 만다.

물론 나이가 들면서 외모를 가꾸는 일은 자연스럽고 또 중요하다. 스스로 자신감 있는 마음을 갖는 것은 좋은 일이다.

하지만 외모에 대한 심한 스트레스로 우울증에 걸린 사람이 많은 것은 우리 사회의 심각한 문제다. 처진 눈꺼풀과 피부 시술을 받는 중년들이 있고, 누가 봐도 예쁜 이삼십 대들이 자신이 못생겼다며 대인기피증까지 걸린다. 외모 때문에 심한 우울증에 빠지는 사람도 있다. 자신의 외모에 대해 긍정적인 자신감이 충분히 있다면 고통을 감수하면서까지 주름을 없애야 하는지 의문이 든다.

마흔다섯의 S 씨는 매일 아침 생과일주스를 챙겨 마시고 피부 리프팅 시술을 하고 동안 주사를 맞을 만큼 자기 관리에 철저한 여성이었다. 직장에서도 자기 또래의 직원들보다 훨씬 젊고 건강한 피부를 가졌지만, 그녀는 자신이 늘 외모 때문에 주눅이 들어 있다고 했다. 끊임없이 타인과 자신을 비교하고 거울만 보면 스트레스를 받는다고도 했다.

이유를 묻자 성장기 때 잠시 통통한 적이 있었는데, 아빠와 오빠로부터 늘 뚱뚱한 돼지라고 놀림을 받았다고 했다. 어린 그녀에게는 그 놀림이 자신의 외모를 판단하고 정의 내리는 것처럼 들렸을 것이다. 특히 아버지는 딸이 최초로 가족의 친밀함을 느끼는 남성으로, 남성에 대한 롤모델이 된다. 그래서 그녀는 아버지의 계속된 놀림으로 인해 모든 남성이 자신을 돼지로 놀리는 것 같은 기분을 느꼈다. 그런 인식은 고등학교, 대학교 때도 계속됐고 지금도 사라지지 않고 있다.

스스로에게 충분히 날씬하고 예쁘다고 말해 주기도 했지만 그것도 잠시, 밖에 나가면 여지없이 수많은 여성과 비교됐다. 그녀는 머릿속에서 '돼지'라는 놀림이 계속 들려와 괴롭다고 했다.

객관적으로 예쁘다고 여기는 사람들도 종종 성형 중독에 빠지는 것을 보면, 결국 아름다움의 기준은 자기 자신이 만드는 것 같다. 즉 정말로 예뻐도 자신의 외모를 깎아내리는 사람이 있는가 하면 수수하고 평범한 얼굴을 가졌지만 자신을 예쁘고 매력 있게 여기는 사람이 있는 것이다. 화려한 이목구비가 아니더라도 예뻐 보이는 사람들이 있다. 그들의 자신감이 얼굴을 빛나게 하는 것이다.

궁극적으로 중요한 것은 외면이 아닌 내면이라는 것을, 많은 사람이 머리로 알고 있다. 마음으로 실천하기 위해서는 궁극적으로 외모에 대한 문제가 마음에서 비롯된다는 것을 먼저 인식해야 한다.

중년이 되면 자신의 얼굴에 책임져야 한다?

마흔이 되면 체력이나 기억력은 물론, 생기 넘치던 미모까지 시들면서 왠지 모를 억울함이 밀려들 때가 있다. 우리 사회는 나이에 상관없이 끊임없이 건강하고 예뻐야 한다고 강조한다. 실제 나이보다 건강하고 어려 보일수록 감탄과 칭찬이 쏟아진다. 각종 TV 프로그램마다 앞다퉈 누가 더 동안인지 경쟁한다. 그 덕분인지 동안이 넘쳐나는 사회가 됐다.

사십 대는 조금씩 시들어 가는 외모와 체력에 무력감을 느낄 수 있는 나이다. 나이가 들어 가고 있지만 절대 티를 내선 안 되는 사회적 분위기 탓에 이삼십 대보다 더 많은 투자와 노력을 하기도 한다. 있는 그대로의 모습을 인정하지 않는, 아니 인정할 수 없는 인식에 동참하기 위해서다.

물론 신체를 가꾸면서 외모에 신경을 쓰지 않을 수 없다. 동안 피부, 동안 화장법이 넘쳐나는 지금 나 혼자 나이를 먹을 수는 없다. 사람들 모두 한 살이라도 자기 나이보다 젊어지려고 애를 쓰는데 아무런 노력조차 하지 않으면 큰일 날 것만 같다.

하지만 '중년이 되면 자신의 얼굴에 책임져야 한다'고 했던 링컨의 말은, '얼굴에 주름이 없어야 한다'는 뜻이 결코 아니었을 것이다. 나이가 들수록 그 사람에게서 풍기는 분위기가 더 중요하다. 고유한 분위기는 그가 가진 주름과 상관없이 그를 건강하고 아름답게 느껴지게 한다. 그렇다면 지금의 나는 어떤 분위기를 가진 사람일까?

중년은 지금껏 살아온 역사가 고스란히 얼굴에 남는 시기다. '잘 살아온 얼굴'은 단순히 이목구비가 크고 예쁜 걸 뜻하진 않는다. 그 사람의 품위와 성격 등이 분위기와 함께 얼굴에 배어 나오기 때문에, 부드럽고 선한 인상을 가진 사람이 아름다워 보인다.

마흔이 넘고 나이가 들어 가면서 내면의 건강을 챙기기보다는 리프팅, 보톡스 등의 시술을 받으러 강남의 잘하는 병원에 우르르 몰려가기 바쁜 사람들이 허다하다. 이십 대보다는 돈과 시간이 많아 간단한 시술에서 수술에 이르기까지 젊음을 유지하려 안간힘을 쓰는 것이다. 나이를 먹을수록 남들에게 어떻게 보일까 더욱 신경을 쓰다 보니 피곤하고 지치는 것이 당연하다. 오히려 그런 노력들 때문에 더 스트레스를 받아 나이 들게 되는 것 같다.

자신을 가꾸지 않고 방치하는 것보다 자신을 관리하고 가꾸는 것은 필요하다. 그런데 외모에만 너무 치우치면 나이 들어 가면서 자연스럽게 생기는 몸의 현상을 받아들이지 못하기 때문에 자존감이 쉽게 떨어지고 자신감을 잃게 된다. 자존감을 높이기 위해 우리는 몇 개의 주름을 펴야 할까? 내면의 안정이 외면에서 결정된다면 우리는 죽는 날까지 다른 사람의 시선에 짓눌려 살아야 할 것이다.

하지만 그렇지 않다. 우리의 마음은 우리의 외모와 상관없이 아름다워질 수 있다. 마음은 당신 이마의 주름이 몇 개든 상관하지 않는다. 당신 자신이 당신의 마음을 어떻게 바라보고 있는지에만 관심 있을 뿐이다.

나이 들고 있음을 받아들이기

일반적으로 사람들은 나이가 들면서 공허함이나 허무감이 생긴다고 생각한다. 그래서 삶에 큰 시련이나 고통이 없었더라도, 지나온 시간에 대해 후회와 미련을 갖게 된다.

'그때 왜 그랬을까, 왜 그런 결정을 했을까, 이때까지 난 왜 이렇게 산 걸까.'

어떻게든 이 허무함을 극복하려고 노력해 보지만, 이미 먹은 나이처럼 허무감은 마음에서 쉽게 내몰리지 않는다. 하지만 허무는 어느 날 갑자기 찾아오는 질병이 아니다. 허무는 언제나, 누구에게나 존재한다.

'허무'는 단순히 세상과 삶을 비관하는 냉소적인 감정이 아니다. 허무주의로 번역되는 니힐리즘Nihilism의 nihill은 라틴어로 '무無'를 뜻한다. 허무의 정확한 의미는 '심연을 직시하는 것'이다. 내면의 끝이 보이지 않는 심연을 직면하고 바라보는 것이 허무다.

우리의 전부라고도 할 수 있는 심연을 속일 수 있는 것도, 숨길 수 있는 곳도 없다. 살아 있는 한 자신의 허무로부터 완전히 벗어나는 것은 불가능하다. 그저 술, 영화, 음악, 게임, 책 등으로 순간순간 적절히 잊으며 살아갈 뿐이다.

병적인 허무감은 반드시 치유의 시간을 통해 극복해야 한다. 그러나 모든 허무감이 다 병적 상태는 아닌 것이다. 그래서 때때로 허무감을 인정하고 오히려 피하지 않는 것은 솔직하고 용감한 태도다. 우리에게는 저마다 수많은 모양과 무게를 지닌 허무감이 있다. 그중에 '나이 듦'도 그 수많은 종류의 허무 중 하나일 것이다.

나이는 새로 시작할 수도, 되돌릴 수도 없는 개인의 역사다. 나이가 들수록 삶의 기억과 역사도 두터워진다. '중년'은 자신도 모르는 사이 절반쯤 쓰인 책이다. 그 속에는 지우고 싶은 구절이나 사건들도 분명히 있을 것이다.

하지만 모두가 알고 있듯 우리가 쓴 책을, 우리는 지울 수 없다. 중요한 것은 허무감이 과도한 자기 비하나 우울, 불안으로 가지 않도록 하는 것이다. 허무는 누구에게나 있고 아무 곳에나 있다. 아니, 반드시 있다. 그러니 나이가 든다고 해서 두려워할 필요는 없다. 그저 이미 쓰인 책을 묵묵히 읽어 나가며 다음 페이지를 적을 준비를 할 용기가 필요하다.

나이 들고 있음을 받아들이는 것은 수동적으로 수용하거나 비관하는 것이 아니라, 그 허무를 적극적으로 삶 속에 끌어안고 가는 것이다. 그러기 위해선 용기가 필요하다. 가식 없이 내 모습 그대로를 받아들이려는 순수한 용기가 필요한 것이다.

사실 나이란 표면적으로 아무 의미 없는 숫자에 불과하다. 나이가 주는 의미는 한 살 한 살 먹어 가는 그 나이마다 새겨져 있는 무한한 깊이의 내면의 심연이다. 우리를 때로 슬프게도, 공허하게도 하는 그 심연은 동시에 우리를 끊임없이 성장시키고 더 적극적으로 살게 하는 동력이 되기도 한다. 끊이지 않는 파도처럼 '나이'라는 허무감이 마음에 몰아쳐도 그것을 피하지 말자. 굳이 애써 싸울 필요도 없다. 기다리고, 맞이하고, 다시 나아가면 된다.

아름답게 늙어 간다는 것 🚲

　M 씨는 일적인 성공만을 위해 살아온 사십 대 여성이다. 자유
로운 연애를 즐기며 수많은 남자를 만났고 그 선택에 지금도 후
회하지 않는다. 다만 마흔을 넘기면서 차츰 남자들이 자신에게
끌렸던 매력이 사라지는 것을 느꼈다. 피부는 처졌고 생기도 없
었다. 돈을 아끼지 않고 수차례 시술도 받았지만 그럴수록 왠지
자신감은 더욱 떨어졌다.

　그녀는 늘 자신을 이십 대로 규정하며 살아왔다. 체력의 한계
를 느끼면서도 지친 몸을 외면하며 자처해서 출장을 자주 갔다.
일중독으로 살면서 일만이 행복의 전부라고 여겼던 믿음을 깨지
않기 위해서였다. ·

　하지만 조금씩 그 무게가 버거워지고 있었다. 더 이상 이대로
는 안 될 것 같아 그녀는 조금씩 일의 개수를 줄여 나가기 시작했
다. 사십 대가 된 현실의 자신을 인정하자 차츰 편안해졌다. 결혼
도 하지 않고 자식도 낳지 않은 것이 때로는 후회되기도 했지만
그동안 즐기며 살아온 시간들이 아깝진 않았다. 앞으로도 적당히
일과 사랑을 즐기면 된다고 생각했다. 그렇게 그녀는 마흔의 자
신을 꽤 멋지게 받아들였다.

세월에 따라 몸이 변하는 것은 어쩔 수 없는 일이다. 물론 나이를 먹는 그 시간 동안 자신의 몸을 방치하고 가꾸지 않는 것은 바람직하지 않다. 사십 년 동안 그러했던 것처럼 자신을 잘 먹이고 입히고 씻기고 가꾸는 것은 매우 중요하다.

하지만 자신을 꾸미는 것이 부담이 될 만큼 과한 것은 좋지 않다. 한 치의 주름도 용납하지 않는 것은 그 시간을 살아온 자신을 인정하지 않으려는 태도일 수 있기 때문이다.

자신의 약점과 부족함을 받아들일 수 있는 나이가 멋진 나이다. 만약 칠십 대, 팔십 대가 되어도 당신의 주름을 사랑할 수 있다면 우리는 충분히 아름답게 나이 든 것이다. 주름이 있으면 어떤가. 주름마저도 아름다운 나이가 마흔이다.

자신에게 맞는 운동 찾기

몸이 아파 병원을 찾을 때마다 의사들이 공통적으로 하는 말이 있다.

"운동하세요."

나는 마흔 즈음에 운동을 하라는 의사의 권유를 받아들여 헬스클럽에 등록하고 몇 개월간 열심히 운동을 했다. 그러나 그 운동이 내게는 독이 되었다. 척추에 무리를 주었고 너무 숨 가쁘게 달렸던 러닝머신 운동이 피로감과 부종을 유발했다. 한마디로 말해 내게 맞지 않는 운동이었던 것이다.

그 후 나는 요가가 좋다는 권유를 받고 요가 학원에 등록했다. 그리고 한번 시작하면 열심히 하는 특성대로 빠지지 않고 시간을 내 요가를 하기 시작했다. 그러나 내 몸은 더 나빠졌고 급기야 척추 속의 디스크가 찢어졌다는 진단을 받았다.

여러 의사를 만나러 다니며 알게 된 사실은, 남들이 좋다는 운동이 나에게는 맞지 않는 운동이 될 수도 있다는 사실이었다. 나는 서른 해 가까이 심리 상담 일을 해 왔기 때문에 약해진 척추와 목뼈가 언제나 통증의 원인이 되었다. 또 상담이나 강의 등으로 목을 많이 사용해야 하기 때문에 인후염이나 후두염 같은 목의 통증을 달고 살았다. 그래서 면역력 강화가 필수 조건이었다.

여러 가지 운동을 하면서 마침내 나에게 맞는 운동을 찾아냈다.

햇볕 좋은 날 근처 공원을 찾아 한 시간 정도 걷는 운동이다. '걷기'와 '산책'은 늘 긴장도가 높은 일을 해야 하는 나에게는 정말로 딱 맞는 운동이었다. 시간만 나면 걷고 또 걸으며 스트레스와 긴장을 내려놓는다. 바른 자세로 빠르게 걷기 시작하며 내 건강은 많이 좋아졌다. 평지를 걷는 것이 나에게는 가장 좋은 운동법인 셈이다. 등산이나 강도 높은 운동은 내 체력과 체질에는 맞지 않는 것이었다.

　마흔이 넘어서면 몸이 예전 같지 않고 무겁고 피로감이 쉽게 누적될 수 있다. 자신에게 맞는 운동을 찾아서 꾸준히 하기를 권한다. 누군가는 조깅이 맞을 수 있고 누군가에게는 등산이 맞는 운동일 수 있다. 그러나 자신에게 맞지 않는 무리한 운동을 하면 활성산소가 많이 생기거나 근육의 염증이나 부종을 일으키는 원인이 될 수 있다.

　노동과 운동은 다르다. 노동을 많이 한다고 운동을 하는 것은 아니다. 내게 맞는 운동을 찾고 느긋하게 쉬는 시간 동안 근력을 강화하기 위해 한쪽 다리를 번갈아 들어 올리는 것도 좋다. 꼭 돈을 들여 운동하는 곳을 찾을 필요 없이 집에서 수시로 하는 운동을 찾는 것도 좋다.

　내 친구는 댄스가 자신에게 좋은 운동이라고 말했다. 땀을 흘리며 음악에 맞춰 한 시간 정도 춤을 추고 나면 온몸이 개운해지며 정신이 맑아진다고 했다. 그러나 춤을 좋아하지 않는 사람이 이런 운동을 억지로 하면 오히려 스트레스가 쌓일 것이다.

　부부나 연인 사이에 같은 운동을 좋아한다면 더할 나위 없이 좋겠지만 서로 체질이 다르고 좋아하는 운동이 다를 수도 있다.

서로의 취향을 존중해 주고 억지로 끌고 가지 않길 바란다. 그러면 자신에게 맞지 않는 운동으로 스트레스를 받고 몸이 더 안 좋아질 수 있기 때문이다.

어떤 사십 대 부부가 부부 상담을 받으며 운동과 관련된 일화를 이야기한 적이 있다. 아내는 등산을 좋아하는 남편에게 맞춰 주기 위해 주말마다 가기 싫은 등산을 수년간 따라다녔다. "나는 등산이 재미없어"라고 여러 번 말했지만 남편은 막무가내였다.

"등산이 얼마나 좋은 운동인데… 당신은 게을러서 큰일이야. 주말마다 함께 등산 가는 게 얼마나 좋아. 당신도 나도 모두 건강해질 거야."

이렇게 말하며 매번 싫다는 아내를 끌고 나갔다.

어느 날 아내는 연골에 염증이 생겼고 의사는 체질에 맞지 않는 무리한 운동이 병을 키웠다고 말했다고 한다. 그때서야 아내는 등산에서 자유로워졌다.

자신이 좋아하고 맞는 운동이 상대방에게는 아닐 수도 있다는 점을 인식하는 것이 상대방에 대한 배려다. 모든 운동이 모든 사람에게 무조건 좋을 것이라고 생각하지 말자. 그리고 즐겁고 쉽게 할 수 있는 자신만의 운동법을 찾아보자.

가장 손쉬운 운동은 걷기다. 무리하지 않게 평지를 천천히 혹은 빠르게 걷는 운동은 누구나 쉽게 할 수 있다. 운동을 싫어하는 사람이 있다. 아마도 그 이유는 언젠가 운동을 해야 한다고 심하게 강요받은 적이 있거나 운동을 하면서 스트레스를 심하게 받았던 적이 있기 때문일 것이다.

이제 그 상처에서 벗어나 즐겁게 움직여 보자. 마흔 이후에 급격하게 쇠약해지는 신체를 위해 자신이 줄 수 있는 선물이 운동이다. 자신에게 맞는 운동을 찾아 즐겁게 하다 보면 없던 의욕과 활력도 덤으로 따라오게 될 것이다.

빛나는 마흔을 위하여 ✿

앞서 말했듯 마흔은 노후를 위한 경제적인 고민이 커지는 시기다. 평균 수명도 점차 높아지고 있어 건강과 외모에 대한 걱정도 만만치 않다. 예전과 같지 않은 몸 상태와 피부가 아쉽지만 나이를 먹을수록 더 나 자신을 돌보는 것 외에 다른 특별한 방법은 없을 것이다. 깨끗한 옷을 입고 건강한 음식을 챙겨 먹는 것은 나를 잘 돌보기 위한 기본적인 것들이다. 일을 하느라 바쁘고 아이들을 챙기느라 소홀할 순 있지만 자기 자신을 잊어선 안 된다.

여러 가지 고민이 가장 깊게 자리 잡는 것도 마흔의 시기다. 생계의 문제가 아직도 가장 크거나 혹은 생계의 문제는 다른 문제에 비해 작아진 사람들도 인생의 수많은 화두를 던지게 되어 복잡하고 고단해지는 것이 마흔 즈음이다.

고뇌가 깊어진다고 해서 마흔의 당신이 사라지는 것이 아니며 문제가 해결되는 것도 아니다. 그래서 그 어느 때보다도 순간순간 자잘한 기쁨을 누리며 작은 행복에 감사하는 마음이 필요하다. 너무 커다란 행복을 찾느라 허둥대며 더욱 고단하게 만들기보다는 지금까지의 고단함을 잠시 내려놓고 숨 돌리며 지나온 시간을 되돌아보는 자기 성찰 속에서 앞으로의 시간에 희망의 채색을 입히는 시간을 가져야 한다.

여전히 앞날은 불투명하고 암담하게 느껴질 수도 있다. 그러나 그런 느낌에 잠식당하지 말고 어두운 색채를 한 겹 걷어 내야 한다. 흔들리더라도, 힘겹더라도, 지금의 마흔을 받아들이며 한 걸음씩 나아가야 한다.

지금껏 당신은 충분히 열심히 살아왔다. 그 시간들은 대부분 아름다웠다. 당신의 해석이 어떠하든 간에 의미 있는 시간들이었다. 그리고 여기서부터 다시 시작이다.

외적인 건강 못지않게 중요한 것은 내면의 건강이다. 건강한 마음을 위해 부정적인 생각과 긍정적인 생각의 균형을 맞춰야 한다. 흔들리는 감정에 따라 마음을 떠내려 보내는 건 자신에 대한 진정한 책임감이라 할 수 없다. 마흔은 스스로에 대한 신뢰감이 중요한 나이다. 작은 일에도 위태로워지면 스스로를 신뢰할 수 없고 행복해질 수도 없다.

강한 사람보다는 연약함을 받아들이는 사람이 되자. 결함을 인정한다고 해서 무너지는 것은 아니다. 오히려 가장 위험한 것은 자신에게 아무런 문제가 없다고 믿는 착각이다. 어떤 흔들림이 찾아오든 상관없이 자신을 신뢰할 수 있는 삶은 행복만 가득한 삶보다 더 자유롭다.

오만과 편견에 사로잡히지 않고 마흔이 된 사람은 참으로 아름답다. 무엇엔가 얽매이지 않고 중독되지 않은 자유로움을 느끼는 사람이 빛나는 마흔을 맞이한 사람이다. 마흔을 넘어선 당신이 참으로 대단하고 훌륭하다. 무슨 엄청난 업적을 남겨서가 아니다. 그냥, 아무 이유 없이, 마흔의 시간을 견디며 살아온 것만으로도 당신의 마흔은 무한히 빛나고 있다.

스스로 자신을 혐오하거나 비하하고 있다면 그 내용을 적어 보고 이유를 달아 보자.

예를 들어 "내 눈이 못생겼다고 생각한다"라고 적었다면 그 이유가, "아빠가 어린 시절 항상 내 눈을 보고 혀를 차며 '눈이 저렇게 작아서 어떡하냐. 여자애가 눈이 큼직하게 예뻐야 하는데…' 라고 말해서"라고 적는 것이다.

1. _____

이유 → _____

2. _____

이유 → _____

3. _____

이유 → _____

4. _____

이유 → _____

5. _____

이유 → _____

    그다음에 비하하는 말 대신에 자기 자신에게 들려주는 긍정적인 말을 써 보자.

    예를 들면 "내 눈은 작고 예쁘지 않은 것이 아니라 영롱하게 빛나고 반짝거리는 예쁜 눈이다"라는 식으로 써 본다.

1. _____
_____

2. _____
_____

3. _____
_____

4. _____
_____

5. _____
_____

다 썼다면 쓴 내용을 큰 소리로 매일 읽는다. 매일 읽으면 점점 쓴 글의 내용처럼 긍정적이고 자신감 있는 느낌을 받게 될 것이다.

그다음에 직접적인 외모 가꾸기를 시작해 본다.

얼굴은 조금만 신경 쓰면 훨씬 빛나고 맑은 피부를 가질 수 있다. 자신이 못났다고 비하하는 말이 스트레스가 되어 피부를 칙칙하게 만든다는 사실을 기억하자.

요즘은 여성뿐만 아니라 남성들도 몸매에 신경 쓰는 것을 보게 된다. 스트레스를 받으면 자꾸 먹게 되고 야식이나 폭식을 하게 되어 금방 체중이 늘어난다. 체중이 늘어나 이전과는 다른 몸매를 거울에 비쳐볼 때마다 극심한 스트레스를 받으면 또다시 폭식하게 되는 악순환이 거듭될 수 있다. 자존감도 낮아지고 자신감도 떨어지게 된다.

지금 자신의 몸을 사랑해 주고 소중하게 생각하기 시작해야 한다. 이전보다 조금 체중이 늘었어도 '내 몸'이다. 지금 나 자신을 통틀어 사랑해 주기 시작하면 신기하게도 스트레스가 내려가고 과도한 식욕도 내려가게 된다. 그리고 불필요한 음식 섭취를 줄일 수 있게 된다.

너무 외모에 강박적으로 집착하고 신경 쓰는 것은 안 되지만 늘 적정한 체중을 유지하는 것은 몸과 마음의 건강을 위해 중요한 일이다. 특히 마흔을 넘어 중년기를 지나면서 근육이 줄어들고 기초대사량도 낮아져서 조금만 먹어도 살찌기 쉬운 체질로 변하게 된다.

그래서 자신에게 맞는 운동을 꾸준히 하면서 몸에 좋은 음식을 적정량 섭취하는 습관을 길러 보자. 단번에 변화하기 어렵다. 변화를 위해 조금씩 노력해 가는 것이 가장 중요하다. 일 년이나 이 년 동안 꾸준히 외모를 가꾸어 나가면 그 후에 자신이 건강하고 환하게 빛나는 외모로 바뀌어 있다는 것을 문득 깨닫게 될 것이다. 🔲

슬픔 속에서도
기쁨을 누릴 수 있는 나이, 마흔

'삶의 본질은 슬픔이다.'

이 명제를 조금은 실제로 체감하며 깨닫게 되는 나이가 마흔이 아닐까 생각한다. 나 자신을 감내하며 살아 내는 것은 때로 무척이나 고통스럽다. 벗어날 수 없는 나이 역시 우리 삶을 옭아매는 밧줄처럼 느껴질 때가 있다. 그럴 때 삶은 사는 것이 아닌 억지로 살아지는 것이 된다.

그러나 슬픔 속에서도 행복해질 수 있다. 슬퍼할 수 있는 '가장 인간적인' 모습을 잃지 않아야 타인에게 공감할 수 있는 사람이 된다. 슬픔이 무조건 부정적인 것이 아니라는 의미다.

슬픔 속에서도 기쁨과 행복을 누릴 수 있는 나이, 성숙해지고 현명해진 나이가 드디어 시작된 것이다.

　죽음만큼이나 명확히 존재하는 고통 속에서 우리는 끝없이 스스로를 돌파해 나가야 한다. 자신을 파괴하거나 학대하지 않고 용기를 북돋아 주어야 한다. 그렇게 노를 젓는 것이다. 인내와 용기, 결단을 갖고 말이다.
　이것들을 갖추기에 마흔은 좋은 나이다.
　사십 년이란 세월은 그냥 쉽게 저절로 흘러간 시간이 아니다. 힘겹게, 무료하게, 즐겁게 보낸 그 모든 순간은 어딘가로 사라지지 않고 현재의 당신을 만들었다. 그리고 당신은 어느덧 마흔이 된 자신을 걱정하고 있다.

　벌써 마흔이 된 나, 어떻게 더 행복한 삶을 살아야 할지 걱정이 된다면 당신은 이미 행복한 삶을 살 자격을 갖추고 있다. 올바르게 살고 싶은 사람들만이 그런 걱정을 하기 때문이다. 그러니 화창한 봄날, 이미 노를 젓고 있는 당신은 걱정할 것이 없다.
　삶은 슬픔을 내포한 역설로 가득 차 있다.
　한 번쯤 '그때 그 대학을 갔더라면', '그때 결혼하지 않았더라면' 같은 생각을 해 본 적이 있을 것이다.
　하지만 삶은 어긋난 타이밍을 후회하는 것이 아니라 지금도 나를 비추고 있는 한 줌의 축복을 깨닫는 것이다. 비록 내 삶에 주어진 게 아무것도 없어도 우리는 살아 있는 한 위대하다.

그리고 좋은 날이든, 험한 날이든 우리의 삶은 끝에 다다를 때까지 계속해서 나아갈 것이다.

마흔까지 살아온 당신의 모든 순간은 그 슬픔까지도, 빛나고 아름다웠다. 그리고 앞으로도 그럴 것이다!